D0999463

McGraw-Hill's

500
French
Questions

Also in McGraw-Hill's 500 Questions Series

McGraw-Hill's 500 American Government Questions: Ace Your College Exams
McGraw-Hill's 500 College Algebra and Trigonometry Questions: Ace Your College Exams
McGraw-Hill's 500 College Biology Questions: Ace Your College Exams
McGraw-Hill's 500 College Calculus Questions: Ace Your College Exams
McGraw-Hill's 500 College Chemistry Questions: Ace Your College Exams
McGraw-Hill's 500 College Physics Questions: Ace Your College Exams
McGraw-Hill's 500 Differential Equations Questions: Ace Your College Exams
McGraw-Hill's 500 European History Questions: Ace Your College Exams
McGraw-Hill's 500 Linear Algebra Questions: Ace Your College Exams
McGraw-Hill's 500 Macroeconomics Questions: Ace Your College Exams
McGraw-Hill's 500 Microeconomics Questions: Ace Your College Exams
McGraw-Hill's 500 Organic Chemistry Questions: Ace Your College Exams
McGraw-Hill's 500 Philosophy Questions: Ace Your College Exams
McGraw-Hill's 500 Physical Chemistry Questions: Ace Your College Exams
McGraw-Hill's 500 Precalculus Questions: Ace Your College Exams
McGraw-Hill's 500 Psychology Questions: Ace Your College Exams
McGraw-Hill's 500 Spanish Questions: Ace Your College Exams
McGraw-Hill's 500 U.S. History Questions, Volume 1: Ace Your College Exams
McGraw-Hill's 500 U.S. History Questions, Volume 2: Ace Your College Exams
McGraw-Hill's 500 World History Questions, Volume 1: Ace Your College Exams
McGraw-Hill's 500 World History Questions, Volume 2: Ace Your College Exams
McGraw-Hill's 500 MCAT Biology Questions to Know by Test Day
McGraw-Hill's 500 MCAT General Chemistry Questions to Know by Test Day
McGraw-Hill's 500 MCAT Organic Chemistry Questions to Know by Test Day
McGraw-Hill's 500 MCAT Physics Questions to Know by Test Day

McGraw-Hill's

500

French

Questions

Ace Your College Exams

Annie Heminway

New York Chicago San Francisco Lisbon London Madrid Mexico City
Milan New Delhi San Juan Seoul Singapore Sydney Toronto

The **McGraw·Hill** Companies

Annie Heminway, a French native, teaches French literature, littérature-monde, grammar, and online translation and creative writing courses in French at the SCPS of New York University. She is the literary director of the Salon Littéraire II at www.lindaleith.com and a literary consultant for Blue Metropolis and Mémoire d'encrier, in Montreal. She is a Chevalière dans l'Ordre des Palmes Académiques and the author of more than fifteen books on the French language, including *Practice Makes Perfect: Complete French Grammar* and *Better Reading French.*

Copyright © 2013 by The McGraw-Hill Companies, Inc. All rights reserved. Printed in the United States of America. Except as permitted under the United States Copyright Act of 1976, no part of this publication may be reproduced or distributed in any form or by any means, or stored in a database or retrieval system, without the prior written permission of the publisher.

1 2 3 4 5 6 7 8 9 10   QFR/QFR   1 9 8 7 6 5 4 3 2

ISBN   978-0-07-179236-3
MHID   0-07-179236-8

e-ISBN   978-0-07-179237-0
e-MHID   0-07-179237-6

Library of Congress Control Number 2012933641

The author wishes to thank Mémoire d'encrier, ActuaLitté.com, and the governments of France and Belgium for the use of certain passages in this book.

McGraw-Hill products are available at special quantity discounts to use as premiums and sales promotions or for use in corporate training programs. To contact a representative, please e-mail us at bulksales@mcgraw-hill.com.

This book is printed on acid-free paper.

CONTENTS

Introduction   vii

Chapter   1 **The Right Word**   1
Questions 1–50

Chapter   2 **Time for Action**   11
Questions 51–100

Chapter   3 **What Was and What Will Be**   23
Questions 101–175

Chapter   4 **I Demand That You Have Fun!**   41
Questions 176–225

Chapter   5 **If I Were in Charge . . .**   53
Questions 226–275

Chapter   6 **I'll Have One of Those**   67
Questions 276–350

Chapter   7 **Where Are You Now?**   83
Questions 351–400

Chapter   8 **He Told Me She Said . . .**   95
Questions 401–450

Chapter   9 **Words Will Take You for a Ride**   107
Questions 451–475

Chapter 10 **My World Is a Book**   113
Questions 476–500

Answers   137

INTRODUCTION

You've taken a big step toward success in French by purchasing *McGraw-Hill's 500 French Questions*. We are here to help you take the next step and score high on your end-of-year exams!

This book gives you 500 exam-style multiple-choice questions that cover all the most essential course material. Each question is clearly explained in the answer key. The questions will give you valuable independent practice to supplement your regular textbook and the ground you have already covered in your class.

This book and the others in the series were written by experienced teachers who know the subject inside and out and can identify crucial information as well as the kinds of questions that are most likely to appear on exams.

You might be the kind of student who needs to study extra before the exam for a final review. Or you might be the kind of student who puts off preparing until the last minute before the test. No matter what your preparation style, you will benefit from reviewing these 500 questions, which closely parallel the content and degree of difficulty of the questions on actual exams. These questions and the explanations in the answer key are the ideal last-minute study tool.

If you practice with all the questions and answers in this book, we are certain you will build the skills and confidence needed to excel on your exams. *Bonne chance!*

—*Editors of McGraw-Hill Education*

CHAPTER 1

The Right Word

This chapter provides review for the following exam topics:
- Vocabulary
- Nouns, verbs, adverbs, and adjectives
- Good spelling
- Gender

Compléter les phrases avec le mot correct.

1. J'adore tirer à l'arc, je ne rate jamais ma _____.
   - (A) vache
   - (B) carton
   - (C) lampe
   - (D) cible
   - (E) fleur

2. La _____ est le passe-temps favori de Tiphaine.
   - (A) lecture
   - (B) tricot
   - (C) livre
   - (D) casserole
   - (E) voyages

3. Le _____ en plein air a été annulé en raison de la pluie.
   - (A) représentation
   - (B) parquet
   - (C) pièce de théâtre
   - (D) boîte
   - (E) spectacle

4. Dimitri a eu une _____ de cheval cet hiver.

  (A) démission
  (B) fièvre
  (C) chemise
  (D) malaise
  (E) chanson

5. Nous avons échangé nos _____ le premier janvier.

  (A) entretiens
  (B) draps
  (C) vœux
  (D) faveurs
  (E) ampoules

6. Il est défendu de marcher sur la _____.

  (A) pelouse
  (B) souvenir
  (C) gazon
  (D) tableau
  (E) train

7. Si tu vas à la plage, n'oublie pas tes _____.

  (A) manteaux
  (B) plafonds
  (C) oreillers
  (D) cols
  (E) lunettes de soleil

8. Le _____ de son compte bancaire est 31457822003.

  (A) chiffre
  (B) numéro
  (C) nom
  (D) nombre
  (E) totalité

9. Quel _____ vas-tu offrir à Quentin pour son anniversaire ?

  (A) surprise
  (B) qualité
  (C) plante
  (D) cadeau
  (E) cafetière

10. Adrianna est revenue du Mexique avec une énorme _____.

    (A) valise
    (B) bagage
    (C) chapeau de soleil
    (D) poncho
    (E) lampion

11. Tu devrais _____ tes erreurs.

    (A) assommer
    (B) repasser
    (C) assumer
    (D) chanter
    (E) assurer

12. Igor _____ toute la nuit. Le lendemain matin, il ne pouvait plus parler.

    (A) a dormi
    (B) a peint
    (C) a rangé
    (D) a chanté
    (E) a lu

13. Je l'accuse de _____ aux gens tout le temps.

    (A) tromper
    (B) mentir
    (C) mensonger
    (D) trahir
    (E) conseiller

14. Ce musée sur l'art tibétain est _____ depuis 1995 grâce à un mécène italien.

    (A) entamé
    (B) oublié
    (C) possédé
    (D) clos
    (E) ouvert

15. Le rédacteur en chef de *Nice-Matin* _____ des nombreuses coquilles dans l'article sur la pollution de la Méditerranée.
    (A) s'est rendu compte
    (B) s'est réalisé
    (C) s'est aperçu
    (D) n'a pas compris
    (E) n'a pas vu

16. Adéline n'a pas _____ la télé hier soir car elle était fatiguée.
    (A) parcouru
    (B) observé
    (C) jeté
    (D) regardé
    (E) vu

17. Léo a vu un lapin en _____ la rue.
    (A) traversant
    (B) passant
    (C) courant
    (D) se promenant
    (E) sautant

18. Marine doit _____ la lecture de cet essai pour son examen demain matin.
    (A) perdre
    (B) se terminer
    (C) finir
    (D) s'achever
    (E) déranger

19. Le professeur Thibault _____ la littérature comparée à l'université.
    (A) apprend
    (B) enseigne
    (C) révise
    (D) éduque
    (E) indique

20. Nous _____ le train depuis une demi-heure.
    (A) espérons
    (B) patientons
    (C) atteignons
    (D) attendons
    (E) étendons

21. Le pilote d'Air France vient d'annoncer que nous sommes _____ arrivés à destination.

(A) totalement
(B) parfois
(C) presque
(D) environ
(E) partout

22. _____ les inspecteurs de l'ONU recompteront les bulletins de vote pour l'élection du nouveau président.

(A) Tout de suite
(B) Hier
(C) Jamais
(D) Autrefois
(E) Demain

23. _____, les notables portaient la redingote avec élégance.

(A) Tout à coup
(B) Autrefois
(C) Demain
(D) Ensuite
(E) Désormais

24. Maxence ne rentre jamais son vélo dans la maison. Il le laisse _____.

(A) dehors
(B) dedans
(C) d'accord
(D) dessus
(E) dessous

25. _____, le taux de chômage en France s'élève à 9,8%. Les experts craignent une forte hausse.

(A) Auparavant
(B) Autant
(C) Plutôt
(D) Jadis
(E) Actuellement

26. Une odeur _____ avait envahi la cuisine. Camille a oublié le rôti dans le four et il a brûlé.

(A) délicieuse
(B) épicée
(C) alléchante
(D) épouvantable
(E) sucrée

27. Mon labrador noir est très _____ avec les enfants. Il les laisse lui tirer les oreilles sans aboyer.

(A) méchant
(B) doux
(C) brutal
(D) patiente
(E) agressif

28. Dans ce pays, le citoyen n'est pas _____ de porter atteinte à la personne du roi.

(A) autorisé
(B) soumis
(C) libre
(D) toléré
(E) disponible

29. Agacé par la situation, Jérôme nous a répondu sur un ton _____.

(A) agréable
(B) sèche
(C) sec
(D) maigre
(E) aimable

30. Le roquefort, fabriqué avec du lait de brebis, contient au moins 52% de matière _____.

(A) grasse
(B) onctueux
(C) grosse
(D) grande
(E) épaisse

31. Héloïse a acheté deux robes _____ aux Galeries Lafayette.

    (A) bleue claire
    (B) bleues claires
    (C) bleus clairs
    (D) bleues clair
    (E) bleu clair

32. Jawaad est toujours très élégant. Aujourd'hui, il porte une veste et un chapeau _____.

    (A) jaune citrons
    (B) jaunes citrons
    (C) jaunes citron
    (D) jaune citron
    (E) jaune-citron

33. Tu devrais fréquenter des personnes _____. Elles pourraient t'ouvrir des portes.

    (A) hautes placées
    (B) haut placées
    (C) hauts placés
    (D) haut-placé
    (E) haut placé

34. Catherine fabrique trois _____ en soie sauvage fuchsia.

    (A) abats-jours
    (B) abat-jour
    (C) abat-jours
    (D) abats jours
    (E) abats-jour

35. Le gérant de l'hôtel ne retrouve plus les _____ qui étaient dans le coffre-fort.

    (A) passes-partouts
    (B) passe-partouts
    (C) passe-partout
    (D) passes partout
    (E) passe par tout

36. Le Burj Khalifa de Dubaï fait partie des plus hauts _____ du monde.

(A) gratte-ciel
(B) grattes ciels
(C) gratte-ciels
(D) grattes-ciels
(E) grattes-ciel

37. Le Palais Grassi de Venise a présenté des _____ de Jeff Koons et de Takashi Murakami lors de sa dernière exposition.

(A) chefs d'œuvres
(B) chef-d'œuvres
(C) chefs-d'œuvres
(D) chefs-d'œuvre
(E) chef-d'œuvre

38. Crois-tu vraiment que deux ou trois _____ résoudraient vos problèmes ?

(A) tête-à-têtes
(B) tête à tête
(C) têtes-à-têtes
(D) têtes à têtes
(E) tête-à-tête

39. Quand nous sommes montés à l'observatoire du volcan Kilauea à Hawaï, nous avons vu deux _____.

(A) arcs-en-ciel
(B) arc-en-ciel
(C) arcs en ciel
(D) arcs-en-ciels
(E) arc-en-ciels

40. Le plombier a installé quatre _____ silencieux dans la nouvelle maison de retraite.

(A) laves-vaisselles
(B) lave-vaisselle
(C) lave-vaisselles
(D) laves-vaisselle
(E) laves vaisselles

Sélectionner la phrase correcte sans faute d'orthographe.

41. (A) Christophe fait partie d'une groupe de chanteurs baroques.
(B) Le maire de Lyon a déployé de nombreux efforts pour régler la problème de la circulation.
(C) La bataille de Waterloo a eu des conséquences désastreuses pour la France.
(D) Une prélude et un concerto de Mozart ont été joués à Salzbourg le week-end dernier.
(E) Le souris de mon ordinateur ne fonctionne plus.

42. (A) Marie a acheté une nouvelle dictionnaire électrique.
(B) Denis a presque fini sa mémoire de maîtrise.
(C) Veuillez remplir cette formulaire de demande de passeport.
(D) Dany adore lire dans son baignoire.
(E) Hugues travaille dans le Laboratoire de Recherche sur le Langage de Clermont-Ferrand.

43. (A) Charlotte a suivi des cours d'origami en Japon.
(B) Toufik compte se rendre en Australie au mois de juin.
(C) Mélisse va tourner un film au Dordogne.
(D) Nous passerons l'été en Vermont.
(E) Mes cousins vont descendre la Nil dans un sandal à deux mâts.

44. (A) Halima, la femme la plus élégante que je connaisse, porte toujours la parfum Shalimar de Guerlain.
(B) La bleu est ma couleur préférée.
(C) Jean-Luc nous a emmené à l'hippodrome de Deauville dans son BMW décapotable.
(D) La tour de Pise est l'un des sites touristiques les plus visités en Italie.
(E) Jean Dujardin est devenu un vedette grâce au film *The Artist*.

45. (A) Veux-tu venir avec nous à la stade pour assister au match de crosse ?
(B) Quand j'habitais en Angleterre, j'avais toujours une parapluie pliable dans mon sac.
(C) Médhi Glaoui vient de publier son nouveau roman : *La magie de l'écriture.*
(D) La comité d'enquête a conclu que les mesures de sécurité étaient inefficaces.
(E) Pour fêter l'obtention de son diplôme, nous avons bu de la très bonne champagne.

46. (A) Le lama est très recherché pour sa viande et sa fourrure.
　　　(B) Quel beau carré Hermès ! Tu es une ange !
　　　(C) Hier soir, nous avons assisté à une conférence dans l'auditorium à la musée du quai Branly.
　　　(D) Le vigne, qui pousse dans le jardin, donne du raisin tous les ans.
　　　(E) Depuis le tremblement de terre, le faim afflige la population de la province de Qinghai en Chine.

47. (A) Cet été, le mode est aux spartiates.
　　　(B) Assis au bord de la rivière, Paul écoute la murmure de l'eau sur les pierres.
　　　(C) Le Brésil a signé une traité d'échanges commerciaux avec l'Inde.
　　　(D) La tulipe est la symbole de la Turquie.
　　　(E) En hiver, il est important d'hydrater la peau de votre visage.

48. (A) En automne, Franck et moi allions toujours ramasser des champignons dans le forêt.
　　　(B) Dans les romans d'Agatha Christie, le poison joue un rôle clé.
　　　(C) La lexique du théâtre est composée de mots très recherchés.
　　　(D) Si tu fais encore une de tes caprices, je ne t'emmène plus au cirque !
　　　(E) Le mort est un thème récurrent chez Camus.

49. (A) Marc a acheté une pyjama de flanelle en ligne.
　　　(B) Lire la mode d'emploi avant d'utiliser votre imprimante laser.
　　　(C) Quelle est la bijou que vous possédez ?
　　　(D) Je suis parti avant la fin du film, car c'était ennuyeux à mourir.
　　　(E) Le sentinelle devant le Sénat se fait souvent prendre en photo par les touristes.

50. (A) Chez Fabrice Luchini, il y a un côté très cynique.
　　　(B) J'ai toujours rêvé d'avoir une maison avec un véranda.
　　　(C) Grace Kelly a trouvé la mort dans un accident de voiture sur le corniche reliant Nice à Monaco.
　　　(D) Mon neveu a été admis à la lycée Henri IV, 23 rue Clovis à Paris.
　　　(E) Ganesh est un idole vénéré par les hindous.

CHAPTER 2

Time for Action

This chapter provides review for the following exam topics:
- Tenses: *présent, futur*
- *Avoir, être*
- Pronominal verbs
- *Pouvoir, devoir, savoir*

51. Choisir la forme appropriée du verbe au présent.

Aline _____ *Le Monde* tous les jours.

(A) lis
(B) lie
(C) lisait
(D) lit
(E) lise

52. Choisir la forme appropriée du verbe au présent.

Je ne peux pas sortir, il _____ des cordes.

(A) pleuvoye
(B) pleut
(C) pleuvait
(D) plut
(E) pleuvoie

53. Choisir la forme appropriée d'*avoir* au présent.

Est-ce que tu _____ faim ?

(A) as
(B) avais
(C) eu
(D) a
(E) eût

54. Choisir la forme appropriée du verbe au futur.

Nous _____ dans le sud de la France quand les enfants auront quitté la maison.
- (A) déménageons
- (B) déménagent
- (C) déménagerons
- (D) déménageâmes
- (E) déménagions

55. Choisir la forme appropriée du verbe au présent.

Nayla, qui n'a que trois ans, _____ très bien mentir.
- (A) sache
- (B) sait
- (C) sut
- (D) savait
- (E) sâche

56. Choisir la forme appropriée du verbe au présent.

Est-ce que vous _____ tard ?
- (A) vous couchiez
- (B) se couchez
- (C) vous coucherez
- (D) couchez
- (E) vous couchez

57. Choisir la forme appropriée du verbe au futur.

Les candidats à l'élection _____ leur programme à tour de rôle.
- (A) exposeront
- (B) exposent
- (C) exposaient
- (D) exposèrent
- (E) exposont

58. Choisir la forme appropriée du verbe *être* au présent.

Est-ce que vous _____ satisfait de votre nouvelle voiture ?
- (A) serez
- (B) étiez
- (C) êtes
- (D) fûtes
- (E) êtez

59. Choisir la forme appropriée du verbe au présent.

Ma journée _____ très chargée.

(A) s'annoncerait
(B) s'annonce
(C) s'annoncera
(D) s'est annoncée
(E) s'annonçait

60. Choisir la forme appropriée du verbe au présent.

Ma tante est paranoïaque, elle _____ de tout le monde.

(A) se méfia
(B) s'est méfié
(C) se méfiait
(D) se méfiera
(E) se méfie

61. Choisir la forme appropriée du verbe au futur.

Un double-toit _____ la tente plus étanche.

(A) rendait
(B) rendrait
(C) rendit
(D) rendra
(E) rendu

62. Choisir la forme appropriée du verbe.

Nicolas et Dominique, ennemis de longue date, _____.

(A) se sont enfin réconciliés
(B) se sont enfin réconssiliés
(C) se sont enfin réconcilié
(D) se sont enfin réconçiliés
(E) se sont enfin réconcilliés

63. Choisir la forme appropriée du verbe *avoir* au présent.

Simon _____ tort de ne pas accepter cette offre d'emploi.

(A) aura
(B) eut
(C) a
(D) eu
(E) avait

64. Choisir la forme appropriée du verbe au présent.

Je te _____ un verre !
(A) devais
(B) dû
(C) devois
(D) dois
(E) devrai

65. Choisir la forme appropriée du verbe au présent.

Je/J'_____ au tennis depuis l'âge de huit ans.
(A) jouerai
(B) joue
(C) ai joué
(D) jouais
(E) jouai

66. Choisir la forme appropriée du verbe au futur.

Comment _____ votre nouvelle entreprise ?
(A) s'appellera
(B) s'appelle
(C) s'appellerait
(D) s'est appelée
(E) s'appelait

67. Choisir la forme appropriée du verbe.

Je _____ mes valises demain.
(A) finissais
(B) fini
(C) finissai
(D) j'ai fini
(E) finirai

68. Choisir la forme appropriée du verbe au présent.

Nous _____ dans cinq minutes, dépêche-toi !
(A) partissons
(B) partons
(C) sommes partis
(D) partions
(E) partirons

69. Choisir la forme appropriée du verbe.

Je _____ trop tard de mon lapsus.

(A) me suis aperçu
(B) me suis apperçu
(C) me suis aperssu
(D) me suis apperssu
(E) me suis apercu

70. Choisir la forme appropriée du verbe *être* au futur.

Ses parents _____ épouvantés quand ils apprendront ses aventures en Inde.

(A) seraient
(B) sont
(C) étaient
(D) seront
(E) furent

71. Choisir la forme appropriée du verbe au futur.

Ce vin d'Espagne _____ le bonheur de mes amis œnologues.

(A) fit
(B) fairait
(C) fera
(D) fait
(E) faira

72. Choisir la forme appropriée du verbe au présent.

L'exploitation des lotissements pavillonnaires _____ le paysage rural.

(A) défigurera
(B) défigura
(C) défigurerait
(D) défigure
(E) a défiguré

73. Choisir la forme appropriée du verbe *avoir* au futur.

Nous _____ l'air idiot si nous nous habillons tous les deux de la même façon.
(A) aurons
(B) eûmes
(C) avions
(D) aurions
(E) avons

74. Choisir la forme appropriée du verbe au futur.

Tu _____ le concours d'entrée à l'École normale supérieure si tu t'en donnes les moyens.
(A) réussissais
(B) réussis
(C) auras réussi
(D) réussirais
(E) réussiras

75. Choisir la forme appropriée du verbe au présent.

Clara et Étienne _____ arriver à l'heure à la conférence malgré les embouteillages.
(A) espérrent
(B) espèrent
(C) esperrent
(D) espperent
(E) espérent

76. Choisir la forme appropriée du verbe au présent.

Sophie et Raphaël _____ presque jamais.
(A) se ne disputont
(B) se ne disputent
(C) ne se disputent
(D) ne se disputeront
(E) se disputent

77. Choisir la forme appropriée du verbe au présent.

Que _____ boire ?

(A) voudiez-vous
(B) vouloirez-vous
(C) voulez-vous
(D) vouliez-vous
(E) voudrez-vous

78. Choisir la forme appropriée du verbe *être* au présent.

Les députés _____ en train d'examiner la loi sur le téléchargement illégal.

(A) sont
(B) seraient
(C) furent
(D) étaient
(E) seront

79. Choisir la forme appropriée du verbe au futur.

Pour aller au Maroc, Zoé et Rébecca _____ la France et l'Espagne en voiture.

(A) ont traversé
(B) traverseront
(C) traverseraient
(D) traversent
(E) traversseront

80. Choisir la forme appropriée du verbe au présent.

Nous ne _____ jamais de quelle humeur elle sera.

(A) saurons
(B) savions
(C) n'avons jamais su
(D) savons
(E) sachions

81. Choisir la forme appropriée du verbe au présent.

Le ministre des finances _____ un plan de rigueur pour redresser l'économie.

(A) n'a pas exclu
(B) n'exclura pas
(C) n'exclu pas
(D) n'exclurait pas
(E) n'exclut pas

82. Choisir la forme appropriée du verbe au présent.

Est-ce que je _____ voir votre passeport biométrique ?

(A) peux
(B) pourrai
(C) pouvais
(D) pus
(E) puisse

83. Choisir la forme appropriée du verbe *être* au futur.

Une des quatre versions du *Cri* d'Edvard Munch _____ mise aux enchères à Londres.

(A) serait
(B) sera
(C) fut
(D) est
(E) étais

84. Choisir l'orthographe appropriée du verbe au présent.

Le médecin _____ le patient avant de lui donner des médicaments.

(A) osculte
(B) aussculte
(C) ausculte
(D) eausculte
(E) auçculte

85. Choisir la forme appropriée du verbe au présent.

Mon train _____ arriver à treize heures trente.

(A) doit
(B) dut
(C) devoit
(D) devait
(E) a dû

86. Choisir la forme appropriée du verbe au futur.

Le gouvernement _____ aux négociations sur le prix de l'électricité avec les syndicats.

(A) participa
(B) participerait
(C) participe
(D) participera
(E) aura participé

87. Choisir la forme appropriée du verbe au présent.

On _____ à cause d'une histoire de famille.

(A) se n'est plus parlé
(B) se parle plus
(C) ne se parlle plus
(D) ne s'est plus parlé
(E) ne se parle plus

88. Choisir la forme appropriée du verbe au présent.

Les bulldozers _____ de vieux immeubles sous les yeux des riverains.

(A) détruisirent
(B) détruiront
(C) détruisent
(D) ont détruit
(E) détruirent

89. Choisir la forme appropriée du verbe *être* au présent.

Je _____ libre cet après-midi, mais demain soir.

(A) ne suis pas
(B) n'ai pas été
(C) n'étais pas
(D) ne fut pas
(E) ne serai pas

90. Choisir la forme appropriée du verbe au présent.

Ils _____ de nombreux mails tous les jours.

(A) s'envoyont
(B) s'envoient
(C) s'envoiaient
(D) s'envoyent
(E) s'enverront

91. Choisir la forme appropriée du verbe au futur.

Le Canard enchaîné _____ des articles sur la campagne présidentielle dans les jours à venir.

(A) publia
(B) publierait
(C) publira
(D) publiait
(E) publiera

92. Choisir la forme appropriée du verbe *avoir* au présent.

J'_____ envie de soleil et de chaleur.

(A) eus
(B) aurai
(C) avais
(D) ai
(E) aie

93. Choisir la forme appropriée du verbe au présent.

Ça _____ de manger avec les doigts.

(A) se ne fera pas
(B) ne se fait pas
(C) ne se fit pas
(D) se ne fait pas
(E) ne se faisait pas

94. Choisir la forme appropriée du verbe au futur.

Est-ce que tu _____ venir avec nous au Batofar dans le 13ème arrondissement ?

(A) voudrais
(B) veux
(C) voudras
(D) voulais
(E) auras voulu

95. Choisir la forme appropriée du verbe au présent.

Vous _____ la lumière avant de sortir.

(A) éteintez
(B) éteindriez
(C) éteignez
(D) éteigniez
(E) éteindrez

96. Choisir la forme appropriée du verbe au présent.

Les enfants ne _____ pas traîner dehors après vingt heures.

(A) doivent
(B) devent
(C) devaient
(D) durent
(E) devront

97. Choisir la forme appropriée du verbe au futur.

Tu me _____ toujours !

(A) surprendrais
(B) surprends
(C) surprenais
(D) surprendras
(E) surpris

98. Choisir la forme appropriée du verbe au présent.

Noé ne _____ pas marcher, il s'est fracturé le fémur en jouant au rugby.

(A) peut
(B) pouvait
(C) pourra
(D) put
(E) puisse

99. Choisir la forme appropriée du verbe au présent.

Mon grand-père _____ tous les matins à six heures.

(A) se lêve
(B) s'est levé
(C) se leve
(D) se levait
(E) se lève

100. Choisir la forme appropriée du verbe au futur.

Cette chaise design _____ très cher dans quelques années.

(A) valait
(B) vaudra
(C) vaudrait
(D) valut
(E) vaut

CHAPTER 3

What Was and What Will Be

This chapter provides review for the following exam topics:

* Indicative past tenses (*passé composé*, *imparfait*, *passé simple*, *plus-que-parfait*)
* *Futur antérieur*
* Infinitives
* The imperative
* Present participles
* Gerunds
* The immediate past tense

101. Passé composé ou imparfait ?

J'étais sous la douche, quand quelqu'un _____ à la porte.

(A) sonnait
(B) a sonné
(C) sonnerait
(D) a soné
(E) est sonné

102. Choisir la forme appropriée du verbe.

Des mesures seront adoptées dès que l'Assemblée générale de l'ONU _____ un plan de sortie de crise.

(A) aura élaboré
(B) a élaboré
(C) élabore
(D) élabora
(E) élaborait

103. Choisir la forme appropriée du verbe.

L'été dernier, mes cousins et moi _____ les Alpes pour aller en Italie.

(A) avons traversées
(B) sommes traversé
(C) avons traversés
(D) sommes traversés
(E) avons traversé

104. Identifier le temps du verbe conjugué.

Des dizaines de cartons encombraient mon salon depuis la fuite d'eau du voisin.

(A) passé simple
(B) imparfait
(C) futur
(D) présent
(E) passé composé

105. Choisir la forme appropriée du verbe au passé simple.

Juliette _____ son ordinateur avant de partir en week-end.

(A) éteignait
(B) éteindit
(C) éteignit
(D) éteint
(E) éteindra

106. Choisir la forme appropriée du verbe.

Jonathan est debout sur un tabouret _____ des rideaux.

(A) à accrocher
(B) accrochant
(C) a accroché
(D) à avoir accroché
(E) accroche

107. Choisir la forme appropriée du verbe.

_____ opposée à l'augmentation des cotisations, Alix a quitté le syndicat.

(A) Être
(B) Était
(C) Été
(D) Étant
(E) Est

108. Choisir la forme appropriée du verbe.

Je ne trouve pas mes clés de voiture. Où les _____ [-tu]
_____ ?

(A) as-tu posé
(B) a-tu poset
(C) es-tu posé
(D) as-tu posés
(E) as-tu posées

109. Choisir la forme appropriée du verbe.

Nora était malade parce qu'elle _____ des huîtres qui n'étaient pas fraîches.

(A) avait mangé
(B) mange
(C) était mangé
(D) mangea
(E) a mangé

110. Choisir la forme appropriée du verbe.

Au restaurant, Lucie a _____ un soufflé au fromage.

(A) comendé
(B) commandée
(C) commandé
(D) comandé
(E) commendé

111. Mettre le verbe à l'impératif.

_____ vite, la réception commence à dix-neuf heures pile !

(A) Habilles-tu
(B) Habille-toi
(C) Habille tu
(D) Habilles-toi
(E) Habilles

112. Choisir la forme appropriée du verbe.

Ils _____ des textos pendant toute la conférence.

(A) se sont envoyés
(B) se sont envoiés
(C) se sont envoié
(D) s'est envoyé
(E) se sont envoyé

113. Choisir la forme appropriée du verbe.

Bérénice est accroupie dans le jardin _____ des champignons.

(A) a cueilli
(B) cueillant
(C) à cueillir
(D) cueille
(E) à avoir cueilli

114. Passé composé ou imparfait ?

J'avais quinze ans, quand _____ *L'éducation sentimentale* de Flaubert pour la première fois.

(A) j'ai lis
(B) j'es lu
(C) je lisais
(D) j'ai lu
(E) je lis

115. Choisir la forme appropriée du verbe.

L'industrie du luxe met en valeur le savoir-faire artisanal en _____ une filière de formation aux métiers d'art.

(A) crée
(B) créer
(C) créant
(D) créé
(E) a créé

116. Choisir la forme appropriée du verbe.

Nous _____ de rentrer de vacances quand nous nous sommes aperçus que les nains de jardin avaient disparu.

(A) venions
(B) sommes venus
(C) vînmes
(D) venons
(E) étions venus

117. Passé composé ou imparfait ?

Vous _____ en Méditerranée pendant cinq semaines.

(A) êtes navigué
(B) avez navigué
(C) naviguiez
(D) avez navigués
(E) naviguez

118. Quelle est la phrase correcte ?

(A) Carole ? Benoît l'est croisée en sortant de l'ascenseur.
(B) Carole ? Benoît l'a croisé en sortant de l'ascenseur.
(C) Carole ? Benoît l'a croiser en sortant de l'ascenseur.
(D) Carole ? Benoît l'es croisé en sortant de l'ascenseur.
(E) Carole ? Benoît l'a croisée en sortant de l'ascenseur.

119. Choisir la forme appropriée du verbe.

Cassandre a fait _____ des cerises dans de l'eau-de-vie.

(A) macérer
(B) macérant
(C) macère
(D) macéré
(E) à macérer

120. Choisir la forme appropriée du verbe.

Tout de suite, _____ qu'il mentait.

(A) j'ai sus
(B) je suis savu
(C) j'ai savi
(D) j'ai su
(E) je suis su

121. Choisir la forme appropriée du verbe au passé simple.

Il _____ à verse toute la nuit.

(A) plu
(B) plut
(C) pleuvut
(D) plût
(E) pleuva

122. Choisir la forme appropriée du verbe.

Antoine _____ tous les vieux jouets du grenier.

(A) a descandu
(B) a dessendu
(C) a descendu
(D) est descendu
(E) a descendit

123. Choisir la forme appropriée du verbe.

J'ai découvert le Viaduc de Millau en _____ l'Aveyron.

(A) visité
(B) visitai
(C) visite
(D) visiter
(E) visitant

124. Choisir la forme appropriée du verbe.

Marie et Lucas sont _____ en mission humanitaire en Inde pour trois ans.

(A) party
(B) partis
(C) partie
(D) parti
(E) parties

125. Choisir la forme appropriée du verbe.

Loïc est à genoux _____ le parquet.

(A) ciront
(B) cirant
(C) cire
(D) à cirer
(E) ciré

126. Choisir la forme appropriée du verbe.

Ils _____ très tôt pour aller randonner dans les Gorges du Verdon.

(A) se sont réveillés
(B) se sont réveilé
(C) ont été réveillés
(D) se réveillaient
(E) se sont réveillé

127. Quelle est la phrase correcte?

(A) Tu t'ais cassé une dent en mordant dans une pomme.
(B) Tu t'es cassé une dent en mordant dans une pomme.
(C) Tu t'as cassé une dent en mordant dans une pomme.
(D) Tu t'as cassée une dent en mordant dans une pomme.
(E) Tu t'es casé une dent en mordant dans une pomme.

128. Choisir la forme appropriée du verbe.

Amélie et Flora _____ à la boulangerie en revenant de l'école.

(A) ont passé
(B) sont passé
(C) ont passaient
(D) sont pasés
(E) sont passées

129. Choisir la forme appropriée du verbe.

Sylvia _____ en courant pour éteindre le four.

(A) a descendue
(B) est descendu
(C) est descendue
(D) a descendu
(E) est descandue

130. Choisir la forme appropriée du verbe.

Morgane est passée chez sa grand-mère après _____ le long du canal Saint-Martin.

(A) s'être promenée
(B) promenant
(C) se promenant
(D) se promené
(E) se promène

131. Passé composé ou imparfait ?

L'horloge _____ les heures avec une précision sans faille.

(A) est égrené
(B) a égrainé
(C) est égrainé
(D) a égrené
(E) égrenait

132. Identifier le temps du verbe conjugué.

Tu surveillais les enfants qui se baignaient.

(A) plus-que-parfait
(B) passé simple
(C) passé composé
(D) imparfait
(E) passé antérieur

133. Choisir la forme appropriée du verbe.

Le candidat du Parti vert s'est présenté tout en _____ qu'il ne serait pas élu.

(A) sachant
(B) savoir
(C) sait
(D) su
(E) saché

134. Choisir la forme appropriée du verbe.

Je voulais vous faire goûter les framboises de mon jardin, mais je
_____ chez moi.

(A) les est oublié
(B) les ai oubliées
(C) les oubliais
(D) l'ai oublié
(E) les ai oublié

135. Choisir la forme appropriée du verbe.

Claire-Marie est assise _____ des cerises pour faire un clafoutis.

(A) dénoyauté
(B) dénoyautant
(C) dénoyauter
(D) à dénoyauter
(E) dénoyautait

136. Quelle est la phrase correcte ?

Nina s'est levée en retard, elle a couru à l'arrêt de bus et _____
une demi-heure !

(A) est attendu
(B) a atendu
(C) a attendu
(D) a attandu
(E) est attendue

137. Choisir la forme appropriée du verbe.

Le ciel _____ à un tableau de Courbet.

(A) resemblait
(B) ressemblait
(C) a ressemblé
(D) est ressemblé
(E) ressamblait

138. Mettre le verbe à l'impératif.

_____ à ta sœur avant de choisir un cadeau pour la fête des mères.

(A) Téléphone
(B) Téléphones
(C) Téléphonez
(D) Téléphona
(E) Téléphoner

139. Choisir la forme appropriée du verbe.

Vous _____ de jolis bouquets pour votre anniversaire.

(A) êtes reçus
(B) avez ressu
(C) êtes ressu
(D) avez recu
(E) avez reçu

140. Choisir la forme appropriée du verbe au passé simple.

Capucine et Adam _____ de tout et de rien.

(A) parlarent
(B) parlaient
(C) parlerent
(D) parlèrent
(E) parlêrent

141. Choisir la forme appropriée du verbe.

Sacha passe son temps _____ à *World of Warcraft,* ce célèbre jeu en réseau.

(A) à avoir joué
(B) joue
(C) à jouer
(D) joué
(E) jouant

142. Choisir la forme appropriée du verbe.

Leïla ne se souvenait plus où elle _____ Youssef.

(A) a rencontré
(B) avait rencontré
(C) rencontra
(D) était rencontré
(E) rencontre

143. Choisir la forme appropriée du verbe.

Aurélie vous contactera dès qu'elle _____ votre CV.

(A) aura reçu
(B) recevrait
(C) avait reçu
(D) reçoit
(E) a reçu

144. Identifier le temps du verbe conjugué.

Damien loua une cabane dans un arbre sur un coup de tête.

(A) passé composé
(B) imparfait
(C) passé simple
(D) présent
(E) impératif présent

145. Choisir la forme appropriée du verbe.

Nous entendions toujours notre voisine _____ de la flûte.

(A) joué
(B) jouant
(C) joue
(D) jouait
(E) jouer

146. Choisir la forme appropriée du verbe au passé composé.

Alexis _____ du manque de lumière en Finlande.

(A) a souffrit
(B) a souffert
(C) est souffrant
(D) est souffrit
(E) a souffré

147. Choisir la forme appropriée du verbe.

Dans sa jeunesse, Édouard _____ au basket tous les jeudis.

(A) joua
(B) a joué
(C) jouait
(D) jouea
(E) jouai

148. Mettre le verbe à l'impératif.

_____ renvoyer votre demande de fonds avant le 30 juin.

(A) Voulez

(B) Voudriez

(C) Veuille

(D) Vouliez

(E) Veuillez

149. Choisir la forme appropriée du verbe.

Autrefois, les combinés de téléphone _____ à la base par un fil.

(A) étaient reliés

(B) relient

(C) sont reliés

(D) relièrent

(E) reliaient

150. Choisir la forme appropriée du verbe.

Vous _____ de merveilleux discours pour notre gala annuel.

(A) prononssiez

(B) avez prononcé

(C) prononciates

(D) prononciez

(E) prononçâtes

151. Choisir la forme appropriée du verbe au passé simple.

_____ du mal à m'endormir à cause d'un orage violent.

(A) J'eus

(B) J'ai

(C) J'ais

(D) J'eu

(E) J'aie

152. Choisir la forme appropriée du verbe.

Sibylle passe ses vacances _____ des romans policiers.

(A) lisant

(B) à lire

(C) lit

(D) lire

(E) a lu

153. Choisir la forme appropriée du verbe.

Tu _____ tes lunettes ; elles sont sur ta tête !

(A) ne perd pas
(B) n'es pas perdu
(C) ne perdis pas
(D) ne perdais pas
(E) n'as pas perdu

154. Choisir la forme appropriée du verbe.

_____ pas dormi de la nuit, Olivier était d'une humeur massacrante.

(A) N'étant
(B) N'a
(C) N'ayant
(D) N'eu
(E) N'avoir

155. Choisir la forme appropriée du verbe.

Ce matin, Arthur _____ la table pour le petit déjeuner avant que ses invités ne se lèvent.

(A) a mis
(B) mettait
(C) metta
(D) est mis
(E) a met

156. Choisir la forme appropriée du verbe.

Margot _____ très surprise de la timidité de cet élève lorsqu'elle lui demanda de réciter un poème.

(A) fus
(B) était
(C) été
(D) fût
(E) fut

157. Choisir la forme appropriée du verbe.

Je me demande si Hadrien _____ son mémoire de maîtrise avant juin.

(A) terminait
(B) aura terminé
(C) eut terminé
(D) termine
(E) avait terminé

158. Choisir la forme appropriée du verbe.

Un jour, Irène et Louise _____ le cours de dessin.

(A) manquont
(B) manquaient
(C) manquerent
(D) manquèrent
(E) manqueraient

159. Choisir la forme appropriée du verbe.

Tout de suite, je _____ mon premier professeur de piano.

(A) reconnaîtrai
(B) reconnus
(C) reconnu
(D) reconnaissais
(E) reconnaissé

160. Choisir la forme appropriée du verbe.

Ah, si seulement tu _____ assister au concert de Cœur de pirate.

(A) avais pu
(B) aurais pu
(C) as pu
(D) peux
(E) pourras

161. Passé composé ou imparfait ?

Avant le XXe siècle, les femmes européennes _____ voter.

(A) ne pussent pas
(B) ne puissent pas
(C) ne pouvaient pas
(D) ne pourront pas
(E) n'ont pas pu

162. Choisir la forme appropriée du verbe.

Nous _____ promenés toute la journée, nous avions les pieds en compote.

(A) étant
(B) étions
(C) sommes
(D) fûmes
(E) serons

163. Passé composé, passé simple ou imparfait ?

Félix mangeait un champignon, quand tout à coup il _____ mal.

(A) se sentait
(B) se sent
(C) a senti
(D) s'est senti
(E) s'était senti

164. Choisir la forme appropriée du verbe.

Cédric a vu des cerfs _____ la route.

(A) traversent
(B) traverser
(C) traversé
(D) traversant
(E) traversaient

165. Passé composé ou imparfait ?

Natacha _____ deux fois la crêpe en la faisant sauter.

(A) est retournée
(B) retournit
(C) est retourné
(D) retournait
(E) a retourné

166. Choisir la forme appropriée du verbe au passé simple.

Tu _____ à pied au bureau car le métro était en grève.

(A) viendras
(B) venis
(C) venus
(D) venas
(E) vins

167. Choisir la forme appropriée du verbe.

_____ accepté leur échec, les joueurs se sont montrés très courtois.

(A) Ayant
(B) Avoir
(C) Ont
(D) Avaient
(E) Eurent

168. Passé composé ou imparfait ?

Mes amis et moi _____ à Berlin pour le Carnaval des Cultures.

(A) avons retourné
(B) retournèrent
(C) sommes retournés
(D) retournions
(E) sommes retourné

169. Choisir la forme appropriée du verbe.

Fabien et Oriane sont allés dîner après _____ à une conférence au Collège de France.

(A) assister
(B) avoir assisté
(C) assistaient
(D) assistés
(E) assistant

170. Choisir la forme appropriée du verbe.

Depuis des années, l'édition numérique _____ les pays en développement.

(A) révolutionnera
(B) avait révolutionné
(C) révolutionnait
(D) révolutionne
(E) a révolutionné

171. Identifier le temps du verbe conjugué.

   Nous négociâmes ces fameux contrats pendant des heures.

   (A) futur
   (B) imparfait
   (C) passé composé
   (D) passé simple
   (E) présent

172. Mettre le verbe à l'impératif.

   _____ que je suis d'accord avec vous.

   (A) Sachiez
   (B) Savez
   (C) Sauriez
   (D) Sauviez
   (E) Sachez

173. Quelle est la phrase correcte ?

   (A) Olga, t'ais-tu coupé les cheveux toute seule ?
   (B) Olga, te coupas-tu les cheveux toute seule ?
   (C) Olga, t'es-tu coupé les cheveux toute seule ?
   (D) Olga, t'es-tu coupée les cheveux toute seule ?
   (E) Olga, te coupais-tu les cheveux toute seule ?

174. Choisir la forme appropriée du verbe.

   Lily _____ de choisir une jolie chaise à bascule en chêne quand elle s'est rendu compte qu'elle avait oublié sa carte de crédit.

   (A) vient
   (B) venait
   (C) vint
   (D) est venue
   (E) a venu

175. Choisir la forme appropriée du verbe.

   Quand j'habitais à Grasse, je/j'_____ toujours de la lavande à ma mère.

   (A) rapportais
   (B) ai rapporté
   (C) suis rapporté
   (D) rapportai
   (E) rapporta

CHAPTER 4

I Demand That You Have Fun!

This chapter provides review for the following exam topics:
- The subjunctive (*présent*, *passé*, *imparfait*)
- "Wherever," "whatever," "whoever"
- *Penser, croire*

Choisir la forme appropriée du verbe.

176. Félicie doute que sa fille _____ un poste à l'université.

- (A)   peut trouver
- (B)   puisse trouver
- (C)   aura trouvé
- (D)   a pu trouver
- (E)   pourra trouver

177. _____ les sources du journaliste, le rédacteur en chef refuse de les divulguer.

- (A)   Quelles que soient
- (B)   Quelque soit
- (C)   Quelques soient
- (D)   Quellesque soient
- (E)   Qu'elles que soient

178. Arnaud ne croit pas que ses amis _____ innocents, car il les a entendu comploter.

- (A)   seraient
- (B)   seront
- (C)   sont
- (D)   ont été
- (E)   soient

179. Je crains que mes élèves ne _____ d'énormes bêtises pendant le carnaval.

(A) font
(B) feront
(C) font
(D) faisont
(E) fassent

180. Nous nous réjouissons que tant de personnes _____ de notre anniversaire de mariage.

(A) se soient souvenues
(B) s'étaient souvenues
(C) se souvinrent
(D) se furent souvenues
(E) se sont souvenues

181. Il faut que Mayeul _____ les CD à la médiathèque aujourd'hui.

(A) rendra
(B) rendre
(C) rendit
(D) rende
(E) rend

182. Mon professeur recommande que je _____ mes recherches en microbiologie.

(A) reprends
(B) reprenne
(C) reprenais
(D) reprendre
(E) repris

183. _____, il est très entêté.

(A) Quelqu'intelligent qu'il soit
(B) Quel qu'intelligent qu'il soit
(C) Quel qu'intelligent qu'il sera
(D) Quel intelligent qu'il soit
(E) Quelqu'intelligent qu'il est

184. Il est nécessaire que Paul _____ sa thèse de doctorat le plus tôt possible.

(A) finit
(B) finira
(C) finisse
(D) finis
(E) finirait

185. Chloé est heureuse que sa fille _____ toujours prête à aider ses collègues de travail.

(A) soit
(B) sera
(C) est
(D) serait
(E) fut

186. Je suis ravi que ma cousine m'_____ de ses projets avant de partir pour le Japon.

(A) a parlé
(B) eut parlé
(C) est parlé
(D) eût parlé
(E) ait parlé

187. _____ ses manies, Cordélia trouve Elliot très attachant.

(A) Quelle que soit
(B) Quelque soit
(C) Quelques soient
(D) Quelles que soient
(E) Qu'elles que soient

188. Il faudrait que Félix _____ *La Bonne Chanson* de Fauré pour faire plaisir à Tante Élodie.

(A) a chanté
(B) chantait
(C) chantât
(D) chantera
(E) chanta

189. Il est dommage que Julia _____ sans avoir parlé avec son frère.

    (A) est partie
    (B) fut partie
    (C) soit partie
    (D) serait partie
    (E) sera partie

190. Le professeur exige qu'Annabelle _____ un essai de deux mille mots sur le fonctionnement de l'UE.

    (A) écrive
    (B) écrit
    (C) écrivit
    (D) écrirait
    (E) écrire

191. Nous irons skier _____ le temps.

    (A) quelle que soit
    (B) quelque soit
    (C) quels que soit
    (D) quel que soit
    (E) quel qu'est

192. Je ne pense pas qu'Enzo _____ à ce que Florian assiste à sa soirée.

    (A) tiendra
    (B) tienne
    (C) tenir
    (D) tient
    (E) tint

193. Claire a peur que son car _____ en retard et qu'elle rate sa correspondance.

    (A) partait
    (B) partit
    (C) partira
    (D) part
    (E) parte

194. Nous sommes contents que vous _____ vous libérer pour notre réception.

(A) avez pu
(B) pouvez
(C) ayez pu
(D) aviez pu
(E) aurez pu

195. Il est indispensable que tu _____ à ta mère où tu vas quand tu sors !

(A) diras
(B) dises
(C) disais
(D) disses
(E) dis

196. _____ les risques, mes associés et moi-même avons décidé de tenter notre chance en Chine.

(A) Quels que soient
(B) Qu'ils que soient
(C) Quelque soit
(D) Quelque soient
(E) Quelques soient

197. Croyez-vous qu'Isabelle _____ heureuse ?

(A) été
(B) fût
(C) serait
(D) soit
(E) est

198. J'aime que chaque chose _____ à sa place.

(A) être
(B) est
(C) soit
(D) fut
(E) sera

199. Il se peut que les livres que tu cherches _____ pendant le déménagement de ta mère.

(A) ont disparu
(B) furent disparus
(C) aient disparu
(D) sont disparus
(E) auront disparu

200. Faustine aurait voulu que tout _____ comme avant leur dispute.

(A) redevînt
(B) redevenait
(C) redevint
(D) redeviendra
(E) redevient

201. Rania ne croit pas que ce léger retard _____ la peine d'en faire une montagne.

(A) valut
(B) vaut
(C) valu
(D) vaudra
(E) vaille

202. _____ le prix, mon frère et ma belle-sœur achèteront cette ancienne bergerie.

(A) Quelqu'est
(B) Quelque soit
(C) Quel que soit
(D) Quelle que soit
(E) Quels que sont

203. Je suis désolé que l'éditeur _____ de publier le livre de mon ami Stéphane.

(A) refusa
(B) ait refusé
(C) est refusé
(D) refusait
(E) a refusé

204. Êtes-vous surpris que le ministre de l'Éducation _____ les réformes malgré les réprobations ?

(A) poursuivit
(B) poursuit
(C) poursuivre
(D) poursuive
(E) poursuivra

205. Nous pensons que ce projet n'_____ aucune chance d'aboutir.

(A) a
(B) avait eu
(C) eut
(D) ait eu
(E) ait

206. Ses parents étaient furieux qu'Erwan ne _____ pas terminer ses études.

(A) voudra
(B) voulut
(C) veut
(D) voulait
(E) veuille

207. _____ brillante avocate qu'elle _____, elle manque parfois de souplesse avec ses confrères.

(A) Quelle que... soit
(B) Qu'elle... soit
(C) Quelleque... soit
(D) Qu'elle que... soit
(E) Quelque... soit

208. Que veux-tu que je te _____ ?

(A) répondrai
(B) répondis
(C) réponde
(D) répond
(E) répondre

209. Préparez tout le matériel avant la réunion afin que nous ne _____ pas de temps.

   (A) perdrons
   (B) perdions
   (C) perdons
   (D) perdissions
   (E) perdrions

210. Joris regrette énormément que ce restaurant ne _____ pas de soufflé au fromage.

   (A) sers
   (B) servirait
   (C) sert
   (D) serve
   (E) servit

211. Penses-tu que ce remake _____ plus de succès que le film d'origine ?

   (A) eût
   (B) ait
   (C) aurait eu
   (D) a
   (E) aurait

212. Le proviseur a interdit que les élèves _____ sur Facebook pendant les cours.

   (A) allaient
   (B) vont
   (C) allèrent
   (D) iront
   (E) aillent

213. Les membres du jury Femina sont scandalisés que l'écrivain _____ son prix.

   (A) ait refusé
   (B) refusa
   (C) a refusé
   (D) refusera
   (E) est refusé

214. _____, vous ne m'impressionnez pas.

(A) Qui que vous soyez
(B) Quelconque que vous êtes
(C) Quelque vous êtes
(D) Qui vous soyez
(E) Qui vous êtes

215. Irina ne croit pas que Baptiste _____ supporter la pression au travail.

(A) a pu
(B) peut
(C) puisse
(D) avait pu
(E) put

216. Où que Diego _____, il se fait des amis.

(A) alla
(B) va
(C) allait
(D) aille
(E) irait

217. Tristan ne pense pas que nous _____ tous tenir dans le studio d'enregistrement, car il est beaucoup trop petit.

(A) avions pu
(B) pouvons
(C) pûmes
(D) puissions
(E) pouvions

218. Il se pourrait que les cheminots _____ en grève pendant le week-end de la Toussaint.

(A) seront
(B) fussent
(C) soient
(D) furent
(E) sont

219. _____ bénigne que _____ sa maladie, je ne veux pas l'attraper.

(A) Quelque... soit
(B) Qu'elle que... soit
(C) Quelle... soit
(D) Qu'elle... soit
(E) Quelle que... soit

220. Le maire de l'Île de Sein aimerait que le Conseil régional de Bretagne _____ sa décision de transformer un phare en résidence d'écrivains.

(A) soutenait
(B) soutient
(C) soutiendrait
(D) soutint
(E) soutienne

221. Je doutais que Stéphane _____ son anthologie de la poésie grecque.

(A) est jamais fini
(B) eût jamais fini
(C) aurait jamais fini
(D) a jamais fini
(E) aura jamais fini

222. Ma grand-mère déplore que ses petits-enfants ne _____ pas compter sans calculatrice.

(A) savent
(B) savaient
(C) surent
(D) sachent
(E) sussent

223. Admettons que le projet de loi sur le téléchargement illégal de musique _____ voté, pensez-vous que le comportement des internautes change ?

(A) soit
(B) fut
(C) ait
(D) était
(E) est

224. Je doute que vous _____ votre carton d'invitation dans tout ce bazar.

    (A) retrouvâtes
    (B) retrouvez
    (C) retrouveriez
    (D) avez retrouvé
    (E) retrouviez

225. _____ notre destination, nous visitons toujours les sites classés.

    (A) Qu'elle que soit
    (B) Quelque soit
    (C) Quelle que soit
    (D) Quel que soit
    (E) Quelques soient

CHAPTER 5

If I Were in Charge . . .

This chapter provides review for the following exam topics:
- The conditional
- "Could," "would," "should"
- Adverbs

Identifier la traduction correcte.

226. Omar would wear a hat if he went to the beach.
- (A) Omar portera un chapeau s'il allait à la plage.
- (B) Omar porterait un chapeau s'il irait à la plage.
- (C) Omar porterait un chapeau s'il va à la plage.
- (D) Omar porterait un chapeau s'il allait à la plage.
- (E) Omar aurai porté un chapeau s'il allait à la plage.

227. Camille would have been elected if she had spent more time in the Rhône-Alpes region.
- (A) Camille aurait été élue si elle avait passé plus de temps dans la région Rhône-Alpes.
- (B) Camille aurait été élue si elle a passé plus de temps dans la région Rhône-Alpes.
- (C) Camille avait été élue si elle avait passé plus de temps dans la région Rhône-Alpes.
- (D) Camille était élue si elle avait passé plus de temps dans la région Rhône-Alpes.
- (E) Camille serait élue si elle passait plus de temps dans la région Rhône-Alpes.

228. If I had money, I would buy the Eiffel Tower.
   (A) Si j'avais de l'argent, j'ai acheté la Tour Eiffel.
   (B) Si j'avais de l'argent, je vais acheter la Tour Eiffel.
   (C) Si j'avais de l'argent, j'achèterai la Tour Eiffel.
   (D) Si j'avais de l'argent, j'achète la Tour Eiffel.
   (E) Si j'avais de l'argent, j'achèterais la Tour Eiffel.

229. Romain would have lost his lawsuit if he had not hired a good lawyer.
   (A) Romain aura perdu son procès s'il n'avait pas engagé une bonne avocate.
   (B) Romain perdrait son procès s'il n'engageait pas une bonne avocate.
   (C) Romain aurait perdu son procès s'il n'avait pas engagé une bonne avocate.
   (D) Romain aurait perdu son procès s'il n'a pas engagé une bonne avocate.
   (E) Romain avait perdu son procès s'il n'a pas engagé une bonne avocate.

230. If Juline had more time, she would go to Nice.
   (A) Si Juline avait plus de temps, elle serait allée à Nice.
   (B) Si Juline a eu plus de temps, elle irait à Nice.
   (C) Si Juline avait plus de temps, elle irait à Nice.
   (D) Si Juline avait plus de temps, elle ira à Nice.
   (E) Si Juline avait plus de temps, elle pouvait aller à Nice.

231. You would not have made so many mistakes if you had spent more time studying the gender of nouns.
   (A) Vous ne feriez pas tant d'erreurs si vous passiez plus de temps à étudier le genre des noms.
   (B) Vous n'auriez pas fait tant d'erreurs si vous aviez passé plus de temps à étudier le genre des noms.
   (C) Vous n'aurez pas fait tant d'erreurs si vous aviez passé plus de temps à étudier le genre des noms.
   (D) Vous n'aurez pas fait tant d'erreurs si vous auriez passé plus de temps à étudier le genre des noms.
   (E) Vous n'avez pas fait tant d'erreurs si vous avez passé plus de temps à étudier le genre des noms.

232. If Antonia had not told us, the salesman would have cheated us out of twenty dollars.

(A) Si Antonia ne nous avait pas prévenus, le vendeur nous avait arnaqués de vingt dollars.

(B) Si Antonia ne nous prévenait pas, le vendeur nous aurait arnaqués de vingt dollars.

(C) Si Antonia ne nous a pas prévenus, le vendeur nous arnaque de vingt dollars.

(D) Si Antonia ne nous avait pas prévenus, le vendeur nous aurait arnaqués de vingt dollars.

(E) Si Antonia ne nous avait pas prévenus, le vendeur nous arnaquerait de vingt dollars.

233. We would not have eaten so many cookies when we got back home if we had ordered a royal couscous.

(A) Nous n'aurions pas mangé tant de petits gâteaux, une fois rentrés à la maison, si nous avions commandé un couscous royal.

(B) Nous n'aurons pas mangé tant de petits gâteaux, une fois rentrés à la maison, si nous avions commandé un couscous royal.

(C) Nous ne mangerions pas tant de petits gâteaux, une fois rentrés à la maison, si nous avions commandé un couscous royal.

(D) Nous n'aurions pas mangé tant de petits gâteaux, une fois rentrés à la maison, si nous aurions commandé un couscous royal.

(E) Nous ne mangerions pas tant de petits gâteaux, une fois rentrés à la maison, si nous commandions un couscous royal.

234. If I caught a cold, I would still attend the meeting.

(A) Si j'attrapais un rhume, j'assisterai quand même à la réunion.

(B) Si j'attrapais un rhume, j'assisterais quand même à la réunion.

(C) Si j'attrapai un rhume, j'assisterais quand même à la réunion.

(D) Si j'attrapais un rhume, j'aurais assisté quand même à la réunion.

(E) Si j'attrapais un rhume, j'assiste quand même à la réunion.

235. Isabella would have taken a creative writing course online if she had not accepted a new job.

(A) Isabella suivrait un cours d'écriture créative en ligne, si elle n'a pas accepté un nouvel emploi.

(B) Isabella aurait suivi un cours d'écriture créative en ligne, si elle n'acceptait pas un nouvel emploi.

(C) Isabella aura suivi un cours d'écriture créative en ligne, si elle n'avait pas accepté un nouvel emploi.

(D) Isabella a suivi un cours d'écriture créative en ligne, si elle n'aurait pas accepté un nouvel emploi.

(E) Isabella aurait suivi un cours d'écriture créative en ligne, si elle n'avait pas accepté un nouvel emploi.

236. If you had an offshore jacket, you would come on the sailboat with us.

(A) Si tu avais eu un ciré, tu viendrais sur le bateau avec nous.

(B) Si tu avais un ciré, tu viens sur le bateau avec nous.

(C) Si tu avais un ciré, tu viendrais sur le bateau avec nous.

(D) Si tu avais un ciré, tu serais venu sur le bateau avec nous.

(E) Si tu avais un ciré, tu viendras sur le bateau avec nous.

237. If Yves had not declined our offer, he would have traveled to Asia four times a year.

(A) Si Yves n'avait pas décliné notre offre, il voyagera en Asie quatre fois par an.

(B) Si Yves n'a pas décliné notre offre, il aurait voyagé en Asie quatre fois par an.

(C) Si Yves ne déclinait pas notre offre, il voyagerait en Asie quatre fois par an.

(D) Si Yves n'avait pas décliné notre offre, il aurait voyagé en Asie quatre fois par an.

(E) Si Yves n'aurait pas décliné notre offre, il aurait voyagé en Asie quatre fois par an.

238. If Camus had not been killed in a car accident, what would he be writing today?

   (A) Si Camus n'a pas été tué dans un accident de voiture, qu'écrirait-il aujourd'hui ?

   (B) Si Camus n'était pas tué dans un accident de voiture, qu'écrit-il aujourd'hui ?

   (C) Si Camus n'aurait pas été tué dans un accident de voiture, qu'écrirait-il aujourd'hui ?

   (D) Si Camus n'avait pas été tué dans un accident de voiture, qu'écrira-t-il aujourd'hui ?

   (E) Si Camus n'avait pas été tué dans un accident de voiture, qu'écrirait-il aujourd'hui ?

239. Maha would record a CD if she found a sponsor.

   (A) Maha aurait enregistré un CD, si elle trouvait un sponsor.

   (B) Maha enregistrera un CD, si elle trouvait un sponsor.

   (C) Maha enregistrerait un CD, si elle avait trouvé un sponsor.

   (D) Maha enregistrerait un CD, si elle trouvait un sponsor.

   (E) Maha aurait enregistré un CD, si elle avait trouvé un sponsor.

240. If Noam and Armel were punctual, they would get along better with their boss.

   (A) Si Noam et Armel étaient ponctuels, ils s'entendraient mieux avec leur patron.

   (B) Si Noam et Armel étaient ponctuels, ils s'entendent mieux avec leur patron.

   (C) Si Noam et Armel étaient ponctuels, ils s'entendront mieux avec leur patron.

   (D) Si Noam et Armel étaient ponctuels, ils se seraient mieux entendus avec leur patron.

   (E) Si Noam et Armel avaient été ponctuels, ils s'entendraient mieux avec leur patron.

241. You would buy the new iPad if you could.

   (A) Tu achèteras le nouvel iPad, si tu pouvais.

   (B) Tu achèterais le nouvel iPad, si tu pouvais.

   (C) Tu achèterais le nouvel iPad, si tu pourrais.

   (D) Tu aurais acheté le nouvel iPad, si tu pouvais.

   (E) Tu achèterais le nouvel iPad, si tu avais pu.

242. If Pia had been at this auction, she would have spent all her money on this Le Corbusier chair.

(A) Si Pia aurait assisté à cette vente aux enchères, elle aurait dépensé tout son argent pour ce fauteuil Le Corbusier.

(B) Si Pia avait assisté à cette vente aux enchères, elle dépenserait tout son argent pour ce fauteuil Le Corbusier.

(C) Si Pia avait assisté à cette vente aux enchères, elle dépensera tout son argent pour ce fauteuil Le Corbusier.

(D) Si Pia aura assisté à cette vente aux enchères, elle aura dépensé tout son argent pour ce fauteuil Le Corbusier.

(E) Si Pia avait assisté à cette vente aux enchères, elle aurait dépensé tout son argent pour ce fauteuil Le Corbusier.

243. You would have been selected for the recital if you had diversified your repertoire.

(A) Tu as été sélectionné pour le récital si tu avais diversifié ton répertoire.

(B) Tu avais été sélectionné pour le récital si tu aurais diversifié ton répertoire.

(C) Tu aurais été sélectionné pour le récital si tu avais diversifié ton répertoire.

(D) Tu aurais été sélectionné pour le récital si tu aurais diversifié ton répertoire.

(E) Tu auras été sélectionné pour le récital si tu avais diversifié ton répertoire.

244. If César did not wear a bow tie, he would not be considered as an eccentric.

(A) Si César ne porte pas de nœud papillon, il ne serait pas considéré comme excentrique.

(B) Si César ne portait pas de nœud papillon, il ne serait pas considéré comme excentrique.

(C) Si César ne porta pas de nœud papillon, il ne sera pas considéré comme excentrique.

(D) Si César ne portait pas de nœud papillon, il n'aurait pas été considéré comme excentrique.

(E) Si César ne portait pas de nœud papillon, il ne soit pas considéré comme excentrique.

245. We would travel to New Zealand if the flight were not so long.

    (A)   Nous voyagerons en Nouvelle-Zélande, si le vol n'était pas si long.

    (B)   Nous voyagerions en Nouvelle-Zélande, si le vol n'avait pas été si long.

    (C)   Nous voyagerions en Nouvelle-Zélande, si le vol ne serait pas si long.

    (D)   Nous voyagerions en Nouvelle-Zélande, si le vol n'était pas si long.

    (E)   Nous voyageons en Nouvelle-Zélande, si le vol n'était pas si long.

246. If Houria had bought snow tires, she would not have been stuck for three hours on the highway.

    (A)   Si Houria avait acheté des pneus neige, elle n'aurait pas été bloquée pendant trois heures sur l'autoroute.

    (B)   Si Houria avait acheté des pneus neige, elle n'avait pas été bloquée pendant trois heures sur l'autoroute.

    (C)   Si Houria achetait des pneus neige, elle n'avait pas été bloquée pendant trois heures sur l'autoroute.

    (D)   Si Houria a acheté des pneus neige, elle n'a pas été bloquée pendant trois heures sur l'autoroute.

    (E)   Si Houria aurait acheté des pneus neige, elle n'aurait pas été bloquée pendant trois heures sur l'autoroute.

247. You should have found information about the cost of living before going to Dubai.

    (A)   Tu aurais dû te renseigner sur le coût de la vie avant de partir à Dubaï.

    (B)   Tu devrais te renseigner sur le coût de la vie avant de partir à Dubaï.

    (C)   Tu avais dû te renseigner sur le coût de la vie avant de partir à Dubaï.

    (D)   Tu devais te renseigner sur le coût de la vie avant de partir à Dubaï.

    (E)   Tu devras te renseigner sur le coût de la vie avant de partir à Dubaï.

248. If this strong wind continues, we should not go camping in the Cevennes.

    (A)   Si le vent continuait à souffler aussi fort, nous n'aurions pas dû aller camper dans les Cévennes.

    (B)   Si le vent continue à souffler aussi fort, nous ne devions pas aller camper dans les Cévennes.

    (C)   Si le vent continuait à souffler aussi fort, nous ne devrons pas aller camper dans les Cévennes.

    (D)   Si le vent continuerait à souffler aussi fort, nous ne devrions pas aller camper dans les Cévennes.

    (E)   Si le vent continuait à souffler aussi fort, nous ne devions pas aller camper dans les Cévennes.

249. The strikers should give up their excessive demands.

  (A) Les grévistes devaient renoncer à leurs revendications excessives.
  (B) Les grévistes ont dû renoncer à leurs revendications excessives.
  (C) Les grévistes devront renoncer à leurs revendications excessives.
  (D) Les grévistes durent renoncer à leurs revendications excessives.
  (E) Les grévistes devraient renoncer à leurs revendications excessives.

250. If Tahar decided to go to Africa, he should take a mosquito net.

  (A) Si Tahar décidait d'aller en Afrique, il devra emporter une moustiquaire.
  (B) Si Tahar décidait d'aller en Afrique, il devait emporter une moustiquaire.
  (C) Si Tahar déciderait d'aller en Afrique, il devrait emporter une moustiquaire.
  (D) Si Tahar décidait d'aller en Afrique, il devrait emporter une moustiquaire.
  (E) Si Tahar décide d'aller en Afrique, il devait emporter une moustiquaire.

251. Philippe should not have joined this association.

  (A) Philippe n'aurait pas dû devenir membre de cette association.
  (B) Philippe n'avait pas dû devenir membre de cette association.
  (C) Philippe ne devrait pas devenir membre de cette association.
  (D) Philippe n'a pas dû devenir membre de cette association.
  (E) Philippe ne devait pas devenir membre de cette association.

252. The research satellite should land in the Indian Ocean next Saturday.

  (A) Le satellite de recherche doit amerrir dans l'océan Indien samedi prochain.
  (B) Le satellite de recherche devra amerrir dans l'océan Indien samedi prochain.
  (C) Le satellite de recherche devait amerrir dans l'océan Indien samedi prochain.
  (D) Le satellite de recherche a dû amerrir dans l'océan Indien samedi prochain.
  (E) Le satellite de recherche devrait amerrir dans l'océan Indien samedi prochain.

253. The antique dealer should have wrapped this Gallé vase better. It was broken when I opened the box.

  (A) L'antiquaire devait mieux emballer ce vase Gallé. Il était cassé quand j'ai ouvert la boîte.

  (B) L'antiquaire aurait dû mieux emballer ce vase Gallé. Il était cassé quand j'ai ouvert la boîte.

  (C) L'antiquaire devrait mieux emballer ce vase Gallé. Il était cassé quand j'ai ouvert la boîte.

  (D) L'antiquaire doit mieux emballer ce vase Gallé. Il était cassé quand j'ai ouvert la boîte.

  (E) L'antiquaire avait dû mieux emballer ce vase Gallé. Il était cassé quand j'ai ouvert la boîte.

254. They should have invited us to their housewarming party.

  (A) Ils auront dû nous inviter à leur pendaison de crémaillère.

  (B) Ils doivent nous inviter à leur pendaison de crémaillère.

  (C) Ils auraient dû nous inviter à leur pendaison de crémaillère.

  (D) Ils avaient dû nous inviter à leur pendaison de crémaillère.

  (E) Ils devraient nous inviter à leur pendaison de crémaillère.

255. We should hire several interpreters for the International La Rochelle Film Festival.

  (A) Nous devions embaucher plusieurs interprètes pour le Festival international du Film de La Rochelle.

  (B) Nous aurions dû embaucher plusieurs interprètes pour le Festival international du Film de La Rochelle.

  (C) Nous avions dû embaucher plusieurs interprètes pour le Festival international du Film de La Rochelle.

  (D) Nous avons dû embaucher plusieurs interprètes pour le Festival international du Film de La Rochelle.

  (E) Nous devrions embaucher plusieurs interprètes pour le Festival international du Film de La Rochelle.

256. Violaine should have called me when she arrived in Quimper.

  (A) Violaine aura dû m'appeler quand elle était arrivée à Quimper.

  (B) Violaine a dû m'appeler quand elle était arrivée à Quimper.

  (C) Violaine devrait m'appeler quand elle arrivée à Quimper.

  (D) Violaine aurait dû m'appeler quand elle est arrivée à Quimper.

  (E) Violaine avait dû m'appeler quand elle sera arrivée à Quimper.

257. You should take the situation more seriously.
    (A) Il faudrait que tu prennes la situation plus au sérieux.
    (B) Il fallait que tu prennes la situation plus au sérieux.
    (C) Il a fallu que tu prennes la situation plus au sérieux.
    (D) Il aurait fallu que tu prennes la situation plus au sérieux.
    (E) Il fallut que tu prennes la situation plus au sérieux.

258. In many countries, in the past, women could not own property.
    (A) Jadis, dans de nombreux pays, les femmes ne pourraient pas posséder de biens.
    (B) Jadis, dans de nombreux pays, les femmes ne peuvent pas posséder de biens.
    (C) Jadis, dans de nombreux pays, les femmes ne purent pas posséder de biens.
    (D) Jadis, dans de nombreux pays, les femmes ne pouvaient pas posséder de biens.
    (E) Jadis, dans de nombreux pays, les femmes ne pourront pas posséder de biens.

259. Could you make a dress for my sister's wedding in June?
    (A) Pourrez-vous faire une robe pour le mariage de ma sœur en juin ?
    (B) Pouviez-vous faire une robe pour le mariage de ma sœur en juin ?
    (C) Pourriez-vous faire une robe pour le mariage de ma sœur en juin ?
    (D) Pouvez-vous pu faire une robe pour le mariage de ma sœur en juin ?
    (E) Poussiez-vous faire une robe pour le mariage de ma sœur en juin ?

260. I tried very hard, over and over, but I could not convince her to join us.
    (A) J'ai eu beau essayer à plusieurs reprises, mais je n'ai pas pu la convaincre de se joindre à nous.
    (B) J'ai eu beau essayer à plusieurs reprises, mais je ne pouvais pas la convaincre de se joindre à nous.
    (C) J'ai eu beau essayer à plusieurs reprises, mais je ne peux pas la convaincre de se joindre à nous.
    (D) J'ai eu beau essayer à plusieurs reprises, mais je ne pourrai pas la convaincre de se joindre à nous.
    (E) J'ai eu beau essayer à plusieurs reprises, mais je ne pourra pas la convaincre de se joindre à nous.

261. He was supposed to go to the football game last night, but he could not go because he was sick.

    (A) Il devrait assister au match de football hier soir, mais il n'a pas pu y aller parce qu'il était malade.

    (B) Il devait assister au match de football hier soir, mais il n'a pas pu y aller parce qu'il était malade.

    (C) Il devra assister au match de football hier soir, mais il n'aura pas pu y aller parce qu'il était malade.

    (D) Il devait assister au match de football hier soir, mais il n'avait pas pu y aller parce qu'il était malade.

    (E) Il devait assister au match de football hier soir, mais il ne pouvait pas y aller parce qu'il était malade.

262. Could you lend me your electronic keyboard?

    (A) Pouvais-tu me prêter ton clavier électronique ?

    (B) Peux-tu me prêter ton clavier électronique ?

    (C) Pourras-tu me prêter ton clavier électronique ?

    (D) Aurais-tu pu me prêter ton clavier électronique ?

    (E) Pourrais-tu me prêter ton clavier électronique ?

263. In case Naomi is dizzy on the ridge, stay close to her.

    (A) Au cas où Naomi avait le vertige sur la corniche, reste près d'elle.

    (B) Au cas où Naomi eut le vertige sur la corniche, reste près d'elle.

    (C) Au cas où Naomi a le vertige sur la corniche, reste près d'elle.

    (D) Au cas où Naomi aura le vertige sur la corniche, reste près d'elle.

    (E) Au cas où Naomi aurait le vertige sur la corniche, reste près d'elle.

264. At that time, women would wear white silk gloves at the opera.

    (A) À cette époque, les femmes portèrent des gants de soie blancs à l'opéra.

    (B) À cette époque, les femmes porteront des gants de soie blancs à l'opéra.

    (C) À cette époque, les femmes porteraient des gants de soie blancs à l'opéra.

    (D) À cette époque, les femmes portent des gants de soie blancs à l'opéra.

    (E) À cette époque, les femmes portaient des gants de soie blancs à l'opéra.

265. I asked him to close the windows. He would not do it.
   (A) Je lui ai demandé de fermer les fenêtres. Il aurait refusé.
   (B) Je lui ai demandé de fermer les fenêtres. Il refusait.
   (C) Je lui ai demandé de fermer les fenêtres. Il a refusé.
   (D) Je lui ai demandé de fermer les fenêtres. Il avait refusé.
   (E) Je lui ai demandé de fermer les fenêtres. Il refuserait.

266. Would you mind helping Lucas finish his homework?
   (A) Cela vous ennuierait d'aider Lucas à finir ses devoirs ?
   (B) Cela vous ennuie d'aider Lucas à finir ses devoirs ?
   (C) Cela vous ennuyait d'aider Lucas à finir ses devoirs ?
   (D) Cela vous aurait ennuyé d'aider Lucas à finir ses devoirs ?
   (E) Cela vous ennuiera d'aider Lucas à finir ses devoirs ?

267. Would you like to read an excerpt from your book for our radio show?
   (A) Voulez-vous lire un extrait de votre livre pour notre émission de radio ?
   (B) Voudriez-vous lire un extrait de votre livre pour notre émission de radio ?
   (C) Avez-vous voulu lire un extrait de votre livre pour notre émission de radio ?
   (D) Voudrez-vous lire un extrait de votre livre pour notre émission de radio ?
   (E) Vouliez-vous lire un extrait de votre livre pour notre émission de radio ?

268. When Luciano was in Paris, he would eat croissants every morning.
   (A) Quand Luciano était à Paris, il mangeait des croissants tous les matins.
   (B) Quand Luciano était à Paris, il mangera des croissants tous les matins.
   (C) Quand Luciano avait été à Paris, il aurait mangé des croissants tous les matins.
   (D) Quand Luciano était à Paris, il mange des croissants tous les matins.
   (E) Quand Luciano était à Paris, il mangerait des croissants tous les matins.

269. Would you mind signing the petition to save this fourteenth-century abbey from demolition?
   (A) Signé-vous la pétition pour sauver cette abbaye du XIVe siècle de la démolition?
   (B) Signerez-vous la pétition pour sauver cette abbaye du XIVe siècle de la démolition?
   (C) Signiez-vous la pétition pour sauver cette abbaye du XIVe siècle de la démolition?
   (D) Signeriez-vous la pétition pour sauver cette abbaye du XIVe siècle de la démolition?
   (E) Signez-vous la pétition pour sauver cette abbaye du XIVe siècle de la démolition?

270. The 1918 Spanish flu reportedly killed thirty million people.
   (A) La grippe espagnole de 1918 a fait plus de trente millions de morts.
   (B) La grippe espagnole de 1918 aura fait plus de trente millions de morts.
   (C) La grippe espagnole de 1918 ferait plus de trente millions de morts.
   (D) La grippe espagnole de 1918 avait fait plus de trente millions de morts.
   (E) La grippe espagnole de 1918 aurait fait plus de trente millions de morts.

271. The Chinese government will reportedly send a delegation to study the American education system.
   (A) Le gouvernement chinois enverra une délégation pour examiner le système d'éducation américain.
   (B) Le gouvernement chinois enverrait une délégation pour examiner le système d'éducation américain.
   (C) Le gouvernement chinois envoie une délégation pour examiner le système d'éducation américain.
   (D) Le gouvernement chinois aurait envoyé une délégation pour examiner le système d'éducation américain.
   (E) Le gouvernement chinois envoyait une délégation pour examiner le système d'éducation américain.

272. The French president is reportedly going to Bora Bora next month.
   (A) Le président français se rendait à Bora Bora le mois prochain.
   (B) Le président français se rend à Bora Bora le mois prochain.
   (C) Le président français s'est rendu à Bora Bora le mois prochain.
   (D) Le président français se rendrait à Bora Bora le mois prochain.
   (E) Le président français se rendra à Bora Bora le mois prochain.

273. The finance minister allegedly embezzled funds for his electoral campaign.

(A) Le ministre des finances aura détourné des fonds pour sa campagne électorale.

(B) Le ministre des finances détournait des fonds pour sa campagne électorale.

(C) Le ministre des finances aurait détourné des fonds pour sa campagne électorale.

(D) Le ministre des finances détournerait des fonds pour sa campagne électorale.

(E) Le ministre des finances avait détourné des fonds pour sa campagne électorale.

274. The senator from the Savoy department is allegedly involved in a shady business.

(A) Le sénateur de la Savoie serait impliqué dans une affaire louche.

(B) Le sénateur de la Savoie était impliqué dans une affaire louche.

(C) Le sénateur de la Savoie est impliqué dans une affaire louche.

(D) Le sénateur de la Savoie sera impliqué dans une affaire louche.

(E) Le sénateur de la Savoie avait impliqué dans une affaire louche.

275. The police allegedly arrested one of our neighbors last night.

(A) La police avait arrêté un de nos voisins hier soir.

(B) La police arrêterait un de nos voisins hier soir.

(C) La police aurait arrêté un de nos voisins hier soir.

(D) La police aura arrêté un de nos voisins hier soir.

(E) La police a été arrêté un de nos voisins hier soir.

CHAPTER 6

I'll Have One of Those

This chapter provides review for the following exam topics:
- Relative pronouns
- Direct and indirect object pronouns
- *Y* and *en*
- Possessive pronouns
- Demonstrative pronouns
- Disjunctive pronouns

Compléter par le pronom qui convient.

276. Ce sont eux _____ détiennent toutes les clés de l'affaire.

    (A) quoi
    (B) qui
    (C) lesquels
    (D) que
    (E) dont

277. Noémie n'aime pas le vase _____ sa tante lui a offert.

    (A) que
    (B) ce que
    (C) quoi
    (D) lequel
    (E) qui

278. L'iPad _____ est posé sur la commode appartient à Nathan.

    (A) quoi
    (B) lequel
    (C) ce que
    (D) qui
    (E) que

279. Maurice Béjart est le chorégraphe _____ je préfère.

(A) qui
(B) lequel
(C) Ø
(D) quoi
(E) que

280. Le recueil de poésie _____ tu lis est d'un auteur mexicain.

(A) que
(B) Ø
(C) dont
(D) quoi
(E) qui

281. Range ces verres dans le buffet _____ se trouve à côté de la fenêtre.

(A) où
(B) qui
(C) Ø
(D) que
(E) quoi

282. Les bijoux _____ elle nous a montrés viennent d'Afrique.

(A) dont
(B) lesquels
(C) qu'
(D) que
(E) qui

283. Nous ne savons pas _____ ils choisiront pour le poste.

(A) qui
(B) Ø
(C) quoi
(D) où
(E) que

284. C'est la boulangerie _____ vend les meilleurs croissants de la ville.

  (A) laquelle
  (B) où
  (C) que
  (D) qui
  (E) ce que

285. Le film _____ nous avons vu était sous-titré.

  (A) dont
  (B) que
  (C) lequel
  (D) qui
  (E) Ø

286. C'est la compagnie avec _____ je travaille.

  (A) lequel
  (B) quoi
  (C) qui
  (D) que
  (E) laquelle

287. Le violon _____ il joue appartenait à sa grand-mère.

  (A) Ø
  (B) lequel
  (C) que
  (D) dont
  (E) quoi

288. Le fruit _____ Rosalie pense est exotique.

  (A) à quoi
  (B) que
  (C) auquel
  (D) dont
  (E) quoi

289. La raison pour _____ Tristan a démissionné nous est inconnue.

  (A) laquelle
  (B) Ø
  (C) que
  (D) lequel
  (E) quoi

290. J'ai failli oublier mes lunettes de soleil sans _____ je n'aurais pas pu skier.

(A) qui
(B) quoi
(C) lequel
(D) que
(E) lesquelles

291. Agatha nous a décrit en détail les amis sur _____ elle peut compter.

(A) quoi
(B) que
(C) eux
(D) lesquels
(E) dont

292. Ce chanteur, _____ tu connais toutes les chansons par cœur, préfère jouer dans des petites salles.

(A) que
(B) lequel
(C) Ø
(D) dont
(E) qui

293. Voici donc l'école de stylisme dans _____ Quitterie veut à tout prix entrer.

(A) quoi
(B) où
(C) qui
(D) que
(E) laquelle

294. Victor se demande _____ de ces écharpes en cachemire lui plairait.

(A) ce qui
(B) laquelle
(C) lesquelles
(D) qui
(E) lequel

295. De nombreux écrivains célèbres, parmi _____ Luis Sepúlveda, sont nés au Chili.

(A) Ø
(B) dont
(C) que
(D) lesquels
(E) qui

296. _____ il pense m'est complètement égal.

(A) Quoi
(B) Ce qui
(C) Ce qu'
(D) Ce que
(E) Ce à qui

297. Le quartier _____ Axel passe tous les jours est très animé.

(A) lequel
(B) quoi
(C) où
(D) dont
(E) Ø

298. J'aimerais savoir _____ lui ferait plaisir.

(A) ce qui
(B) Ø
(C) quoi
(D) dont
(E) que

299. Dans quelle région vit ce conteur _____ Hélène nous a vanté le talent ?

(A) que
(B) lequel
(C) ce qui
(D) qui
(E) dont

300. Les épices _____ ce cuisinier prépare le canard sont rares et méconnues.

    (A) à que
    (B) avec lesquelles
    (C) dont
    (D) avec quoi
    (E) que

301. Les pelotes de laine _____ sont sur le comptoir sont en promotion.

    (A) qui
    (B) lesquelles
    (C) Ø
    (D) dont
    (E) que

302. Morgane ne se souvient plus de _____ nous avons discuté.

    (A) ce qui
    (B) quoi ce qui
    (C) lequel
    (D) ce dont
    (E) que

303. Vous avez fait exactement _____ il ne fallait pas faire.

    (A) que
    (B) ce qu'
    (C) quoi
    (D) ce qui
    (E) dont

304. Le bâtiment _____ vous avez cours date du XVIIIe siècle.

    (A) lequel
    (B) que
    (C) où
    (D) Ø
    (E) quoi

305. Qui sait _____ lui est arrivé ?

(A) ce qui
(B) quoi
(C) Ø
(D) que
(E) ce que

306. Les tableaux _____ Perrine songe sont au musée d'Orsay.

(A) auquel
(B) que
(C) auxquels
(D) dont
(E) quoi

307. Lola essaie de deviner _____ Margaux a envie pour son anniversaire.

(A) ce que
(B) quoi
(C) que
(D) Ø
(E) ce dont

308. Je voudrais _____ Sarah me ramène à la maison.

(A) ce qui
(B) Ø
(C) qui
(D) que
(E) où

309. Julien ne connaît pas la sculpture _____ ils sont en train de parler.

(A) que
(B) dont
(C) Ø
(D) ce que
(E) lequel

310. Est-ce que tu comprends _____ je dis ?

    (A) ce dont

    (B) ce que

    (C) quoi

    (D) dont

    (E) ce quoi

311. Nous ne nous souvenons pas de l'année _____ Pauline a ouvert sa librairie.

    (A) où

    (B) quand

    (C) dont

    (D) que

    (E) Ø

312. Nicolas ignore _____ ces outils servent.

    (A) ce que

    (B) Ø

    (C) ce dont

    (D) ce qui

    (E) ce à quoi

313. J'ai un perroquet _____ ne dit que des gros mots !

    (A) ce qui

    (B) qui

    (C) dont

    (D) Ø

    (E) que

314. Patrick relit tous les jours _____ il a écrit la veille pour son nouveau roman.

    (A) ce à quoi

    (B) Ø

    (C) ce qu'

    (D) quoi

    (E) ce qui

315. Dans ma précipitation à répondre au téléphone, j'ai perdu la page
_____ je m'étais arrêtée.

(A) où
(B) que
(C) quand
(D) quoi
(E) dont

316. Sophie ne comprendra jamais _____ effrayait tant Damien.

(A) ce que
(B) Ø
(C) à quoi
(D) lequel
(E) ce qui

Choisir la phrase correcte.

317. Le chef d'orchestre a donné la partition de Mozart au jeune pianiste.

(A) Le chef d'orchestre l'a donnée à lui.
(B) Le chef d'orchestre le lui a donnée.
(C) Le chef d'orchestre la le a donnée.
(D) Le chef d'orchestre la lui a donnée.
(E) Le chef d'orchestre lui l'a donné.

318. Lucas a envoyé son CV au directeur des ressources humaines de LVMH.

(A) Lucas lui en a envoyé.
(B) Lucas le lui a envoyé.
(C) Lucas l'a envoyé à lui.
(D) Lucas la lui a envoyé.
(E) Lucas lui l'a envoyé.

319. Yoplait vend ses produits aux Brésiliens.

(A) Yoplait leur les vend.
(B) Yoplait les vend à eux.
(C) Yoplait les leur vend.
(D) Yoplait les leurs vend.
(E) Yoplait leur en vend.

320. Faites livrer ces roses à la nouvelle académicienne.

(A) Faites-les-lui livrer.
(B) Faites-lui-les livrer.
(C) Faites-lui-en livrer.
(D) Faites-les livrer à elle.
(E) Faites livrer les à elle.

321. Toutes les jeunes filles se sont identifiées à l'héroïne du film *The Artist*.

(A) Toutes les jeunes filles s'y sont identifiées.
(B) Toutes les jeunes filles se sont identifiées à laquelle.
(C) Toutes les jeunes filles se sont identifiées à elle.
(D) Toutes les jeunes filles se les sont identifiées.
(E) Toutes les jeunes filles s'en sont identifiées.

322. Le parc des Pyrénées Ariégeoises a réintroduit plusieurs ours bruns au début de l'année.

(A) Le parc des Pyrénées Ariégeoises a réintroduit les au début de l'année.
(B) Le parc des Pyrénées Ariégeoises en a réintroduit au début de l'année.
(C) Le parc des Pyrénées Ariégeoises a réintroduit eux au début de l'année.
(D) Le parc des Pyrénées Ariégeoises a réintroduit ceux-ci au début de l'année.
(E) Le parc des Pyrénées Ariégeoises les a réintroduit au début de l'année.

323. Frédéric finira par se convaincre de leur avarice.

(A) Frédéric finira par se la convaincre.
(B) Frédéric finira par s'y convaincre.
(C) Frédéric finira par se en convaincre.
(D) Frédéric finira par y se convaincre.
(E) Frédéric finira par s'en convaincre.

324. L'entreprise MOSO fabrique des vélos en bambou pour le marché européen.

(A) L'entreprise MOSO y fabrique pour le marché européen.
(B) L'entreprise MOSO les fabrique pour le marché européen.
(C) L'entreprise MOSO fabrique pour le marché européen.
(D) L'entreprise MOSO en fabrique pour le marché européen.
(E) L'entreprise MOSO leur fabrique pour le marché européen.

325. Ont-elles répondu à tes questions ?

    (A) Ont-elles y répondu ?

    (B) Y ont-elles répondu ?

    (C) En ont-elles répondu ?

    (D) Ont-elles en répondu ?

    (E) Y ont-elles répondues ?

326. Pour acheter la maison de leurs rêves, Cyprien et Mélissa ont dû puiser dans leurs économies.

    (A) Pour acheter la maison de leurs rêves, Cyprien et Mélissa ont dû y puiser.

    (B) Pour acheter la maison de leurs rêves, Cyprien et Mélissa ont dû en puiser.

    (C) Pour acheter la maison de leurs rêves, Cyprien et Mélissa ont dû les puiser.

    (D) Pour acheter la maison de leurs rêves, Cyprien et Mélissa ont dû leur puiser.

    (E) Pour acheter la maison de leurs rêves, Cyprien et Mélissa en ont dû puiser.

327. Les enfants ne font jamais attention au danger que représentent les voitures.

    (A) Les enfants ne font en jamais attention.

    (B) Les enfants n'en font jamais attention.

    (C) Les enfants ne font y jamais attention.

    (D) Les enfants n'y font jamais attention.

    (E) Les enfants ne les font jamais attention.

328. Ma mère espérait se débarrasser de tous les vieux meubles encombrant le grenier.

    (A) Ma mère en espérait se débarrasser.

    (B) Ma mère espérait s'y débarrasser.

    (C) Ma mère espérait s'en débarrasser.

    (D) Ma mère y espérait se débarrasser.

    (E) Ma mère espérait se les débarrasser.

329. Tu as laissé ton sac de couchage à l'auberge de jeunesse.

    (A) Tu l'y as laissé.

    (B) Tu l'en as laissé.

    (C) Tu y l'as laissé.

    (D) Tu en l'as laissé.

    (E) Tu le lui as laissé.

Compléter par le pronom qui convient.

330. J'emporte mes déguisements et toi, tu prends _____.

    (A) les siennes

    (B) les tiens

    (C) le mien

    (D) la tienne

    (E) les miennes

331. Notre voiture est garée dans la rue, où est _____ ?

    (A) les miennes

    (B) le sien

    (C) les leurs

    (D) le nôtre

    (E) la vôtre

332. Hermione a parlé à sa mère, et moi _____ au sujet du réveillon de la Saint-Sylvestre.

    (A) aux leurs

    (B) à la mienne

    (C) au sien

    (D) à la nôtre

    (E) au mien

333. Tout le monde a ses problèmes, mais quant à Bertrand et Erica, _____ sont particulièrement compliqués.

    (A) les siennes

    (B) les vôtres

    (C) les nôtres

    (D) les leurs

    (E) les siens

334. Cette femme est _____ avec qui je partageais mon appartement à l'université.

    (A) ce

    (B) celle

    (C) laquelle

    (D) celle-ci

    (E) celle-là

335. À qui est ce chat ? —C'est _____ de Lisa et Pierre.

    (A) celui
    (B) celui-ci
    (C) ceci
    (D) lequel
    (E) ceux

336. Cette nouvelle de Michel Tournier, c'est _____ que je lis en ce moment.

    (A) elle
    (B) celle-ci
    (C) cela
    (D) ceci
    (E) celle

337. Ces petits gâteaux qu'elle prépare, c'est _____ que je préfère.

    (A) celui-ci
    (B) ils
    (C) lesquels
    (D) ceux
    (E) ceci

338. Ces boucles d'oreille, ce sont _____ que Christelle a achetées dans une bijouterie place Vendôme.

    (A) ceci
    (B) celles-ci
    (C) celles
    (D) elles
    (E) celles-là

339. Ce candidat-ci est de gauche, _____ est de droite.

    (A) celui-là
    (B) celui
    (C) cela
    (D) celui-ci
    (E) ceci

340. Cette expérience scientifique a échoué, _____ a réussi.

    (A) cela
    (B) celle-ci
    (C) celle
    (D) celle-là
    (E) ceci

341. Ce prénom-ci est norvégien, _____ est roumain.

    (A) celui-là
    (B) celui-ci
    (C) celle-là
    (D) celui
    (E) ceux-ci

342. Ces aquarelles illustrent le programme d'un spectacle musical, _____ illustrent un carnet de voyage.

    (A) ceci
    (B) celles-là
    (C) celles-ci
    (D) celle-là
    (E) ceux-là

343. Ces coffrets-ci sont incrustés de perles, et _____ sont incrustés de pierres précieuses.

    (A) ceux-ci
    (B) cela
    (C) celui-ci
    (D) ceci
    (E) ceux-là

344. C'est _____ qui ai toujours raison.

    (A) toi
    (B) lui
    (C) moi
    (D) on
    (E) elle

345. C'est _____ qui devrez classer tous ces documents.

(A) eux
(B) ils
(C) vous
(D) nous
(E) elles

346. Viens à Venise avec moi. Je n'irai pas sans _____ !

(A) toi
(B) elle
(C) nous
(D) eux
(E) lui

347. Octave n'aime pas Gérald. Il se plaint toujours de _____.

(A) moi
(B) il
(C) se
(D) toi
(E) lui

348. Zorah n'accepte jamais les propositions des conseillers municipaux. Elle s'oppose toujours à _____.

(A) elles
(B) ils
(C) nous
(D) eux
(E) les

349. J'ai montré une photo de Marianne à mon cousin, et, tout à coup, il s'est souvenu _____.

(A) de lui
(B) de vous
(C) de moi
(D) de toi
(E) d'elle

350. Je sais que tu m'aimes à la folie et que tu ne pourras jamais te passer de
_____.

(A) nous
(B) moi
(C) vous
(D) lui
(E) toi

CHAPTER 7

Where Are You Now?

This chapter provides review for the following exam topics:
- Verbs and prepositions
- Prepositions and geographic names

Compléter avec la préposition qui convient.

351. Un homme de grande taille s'est assis _____ moi au cinéma.

    (A) de

    (B) à

    (C) sous

    (D) Ø

    (E) devant

352. Mon professeur de physique s'est rendu à un colloque _____ Japon.

    (A) par

    (B) au

    (C) Ø

    (D) avant

    (E) de

353. Pierre a pris sa décision _____ consulter sa femme.

    (A) sans

    (B) avec

    (C) en

    (D) par

    (E) de

354. D'après l'expert en écologie du CNRS, l'humanité ne cessera
_____ profiter de la nature sans la respecter.

(A) Ø
(B) de
(C) par
(D) à
(E) sous

355. Nous avons écouté _____ la radio pendant tout le trajet entre
Clermont-Ferrand et Dijon.

(A) après
(B) Ø
(C) de
(D) sur
(E) à

356. Les consommateurs se plaignent _____ la flambée du prix de
l'essence.

(A) sur
(B) à
(C) par
(D) Ø
(E) de

357. Mon avion a fait escale _____ Mexique.

(A) au
(B) selon
(C) sur
(D) par
(E) de

358. Le grimpeur avançait lentement _____ le sommet.

(A) à
(B) sur
(C) dans
(D) vers
(E) sous

359. Émile a finalement réussi _____ monter ses œufs en neige.

(A) de

(B) en

(C) Ø

(D) par

(E) à

360. Le président avait promis _____ ne pas augmenter les impôts.

(A) par

(B) de

(C) sauf

(D) Ø

(E) sur

361. Tu peux t'appuyer _____ le mur.

(A) avant

(B) loin de

(C) après

(D) contre

(E) devant

362. À l'école, les enfants apprennent _____ trier les emballages destinés au recyclage.

(A) à

(B) sur

(C) par

(D) avant

(E) de

363. Antoine m'a conseillé _____ rester en dehors de leurs histoires.

(A) contre

(B) Ø

(C) de

(D) sur

(E) à l'encontre de

364. Maria n'a pas pu prolonger son séjour _____ Inde.

    (A) en

    (B) après

    (C) par

    (D) à

    (E) Ø

365. La source du journaliste a préféré _____ ne pas dévoiler son identité.

    (A) envers

    (B) Ø

    (C) à

    (D) sauf

    (E) de

366. Nous sommes restés _____ nous, car le concert a été annulé.

    (A) avant

    (B) avec

    (C) de

    (D) par

    (E) chez

367. Fais attention _____ l'orthographe dans ton essai sur Victor Hugo!

    (A) Ø

    (B) du

    (C) devant la

    (D) à

    (E) pour la

368. La Recherche s'intéresse depuis plusieurs années _____ cellules souches.

    (A) sur les

    (B) aux

    (C) dans les

    (D) les

    (E) des

369. Où est ma chaussette ? —Elle est _____ ton lit !

    (A) chez

    (B) de

    (C) sous

    (D) vers

    (E) par

370. Ce prêt bancaire me permettrait _____ ouvrir le restaurant de mes rêves.

    (A) par

    (B) à

    (C) de

    (D) hors

    (E) d'

371. Selon les journalistes, des émeutes populaires ont éclaté _____ Caire.

    (A) au

    (B) lors de

    (C) de

    (D) dès

    (E) à

372. Une fourmi peut transporter _____ plusieurs fois son poids.

    (A) de

    (B) Ø

    (C) par

    (D) à

    (E) sur

373. Éva sait _____ gérer son stress dans les situations de crise.

    (A) avant

    (B) à

    (C) par

    (D) Ø

    (E) de

374. Je les ai chaleureusement remerciés _____ leur hospitalité.

    (A) sur

    (B) à

    (C) dans

    (D) par

    (E) de

375. L'avocate de la défense est satisfaite _____ l'issue du procès.

    (A) avec

    (B) Ø

    (C) de

    (D) pour

    (E) à

376. Les Hébert, se sont-ils habitués _____ vivre à la campagne ?

    (A) à défaut de

    (B) par

    (C) en

    (D) Ø

    (E) à

377. Le jeune violoniste argentin méritait _____ gagner le concours.

    (A) de

    (B) à

    (C) par

    (D) avec

    (E) sur

378. J'ai dû laisser mon agenda _____ mon bureau.

    (A) contre

    (B) vers

    (C) avec

    (D) sur

    (E) de

379. Clotilde songe _____ s'installer en Nouvelle-Zélande.

    (A) sur

    (B) à

    (C) Ø

    (D) dans

    (E) de

380. Mes neveux voudraient bien _____ assister à un spectacle de Bartabas à la Grande Écurie du Château de Versailles.

(A) Ø

(B) pour

(C) à

(D) selon

(E) de

381. Notre client a dû renoncer _____ certaines de ses exigences.

(A) envers

(B) Ø

(C) de

(D) pour

(E) à

382. Je l'ai convaincu _____ engager un détective privé.

(A) pour

(B) au lieu de

(C) d'

(D) par

(E) de

383. L'ancien PDG a été accusé _____ blanchiment d'argent.

(A) sous

(B) de

(C) Ø

(D) à

(E) vers

384. Thaïs souhaiterait tant _____ voyager à bord de la Station Spatiale Internationale.

(A) à

(B) Ø

(C) vers

(D) de

(E) par

385. Isabelle Huppert a accepté _____ participer à un gala de bienfaisance.

(A) sur
(B) à
(C) après
(D) Ø
(E) de

386. Le syndicat des intermittents du spectacle espère _____ obtenir gain de cause malgré les nombreux obstacles.

(A) de
(B) pour
(C) par
(D) Ø
(E) à

387. Nous n'avons pas pu aller _____ Philippines en raison du tremblement de terre.

(A) aux
(B) à
(C) avec
(D) dans
(E) de

388. Clara et Simon ont choisi _____ mener une enquête parallèle sur cette affaire.

(A) Ø
(B) de
(C) par
(D) pour
(E) à

389. Le gouvernement s'attend _____ un grand nombre de manifestants opposés à la réforme.

(A) sur
(B) Ø
(C) de
(D) à
(E) vers

390. Le chat est entré _____ en courant après une souris blanche.

(A) dans
(B) à
(C) Ø
(D) par
(E) de

391. Camille s'est mise _____ violoncelle.

(A) Ø
(B) avant
(C) au
(D) de
(E) grâce à

392. Vous veniez _____ entamer votre présentation quand l'alarme d'incendie s'est déclenchée.

(A) durant
(B) d'
(C) de
(D) à
(E) par

393. J'ai attendu _____ Arthur sous la pluie.

(A) pour
(B) vers
(C) à
(D) de
(E) Ø

394. Te souviens-tu _____ nom de la basilique de Barcelone ?

(A) de
(B) sur
(C) du
(D) à
(E) sous

395. Il faisait beaucoup trop froid _____ la salle de conférence.

    (A) dans

    (B) en

    (C) à

    (D) par

    (E) avec

396. Nous avons regretté _____ ne pas avoir vérifié les horaires. Autrement nous n'aurions pas raté notre TGV !

    (A) pour

    (B) de

    (C) sauf

    (D) Ø

    (E) à

397. Pourvu qu'on puisse faire une croisière _____ Norvège ; j'ai tellement entendu parler du Sognefjord.

    (A) à

    (B) de

    (C) Ø

    (D) en

    (E) avec

398. Les spectateurs ont été invités _____ quitter la salle.

    (A) Ø

    (B) vers

    (C) par

    (D) de

    (E) à

399. Le voleur a été arrêté par la police _____ plusieurs mois de recherches infructueuses.

    (A) de

    (B) après

    (C) à

    (D) Ø

    (E) avant

400. Mathéo ne peut pas s'empêcher _____ se ronger les ongles.

    (A) pour

    (B) Ø

    (C) sans

    (D) par

    (E) de

CHAPTER 8

He Told Me She Said . . .

This chapter provides review for the following exam topics:
- Indirect speech
- Sequence of tenses
- Adverbs and expressions of time
- *Depuis, pendant, il y a... que*
- The passive voice
- Passive verbs
- *Avoir beau*

Choisir la bonne réponse.

401. Ma cousine a entendu dire que la nouvelle assistante administrative de son chef _____ norvégien couramment.

    (A) parle
    (B) parla
    (C) parlait
    (D) parlera
    (E) a parlé

402. Nous avons entendu dire que les pompiers _____ deux enfants lors de l'incendie d'un vieil immeuble la semaine dernière.

    (A) ont sauvé
    (B) avaient sauvé
    (C) allaient sauver
    (D) sauveront
    (E) sauvent

403. J'ai entendu dire que la tornade d'hier _____ plusieurs maisons dans le quartier où habite mon amie Marie.

(A) détruit
(B) avait détruit
(C) était détruit
(D) détruira
(E) aurait détruit

404. Alex a entendu dire que Karine, la doyenne de la Faculté des Lettres, _____ au Caire en ce moment pour une conférence internationale.

(A) se trouve
(B) se trouvera
(C) s'est trouvée
(D) se trouvait
(E) se trouva

405. Avez-vous entendu dire que Microsoft _____ sa nouvelle machine de traduction simultanée à une organisation caritative l'année dernière ?

(A) avait vendu
(B) vend
(C) a vendu
(D) allait vendre
(E) vendit

406. Mes collègues ont entendu dire que Caroline _____ à l'étranger jusqu'à la fin de l'année.

(A) reste
(B) resterait
(C) resta
(D) est resté
(E) était resté

407. J'ai entendu dire qu'Aude, malgré sa décision de n'écrire que de la poésie, _____ un roman autobiographique.

(A) est en train d'écrire
(B) fut en train d'écrire
(C) sera en train d'écrire
(D) soit en train d'écrire
(E) était en train d'écrire

408. Nous avons entendu dire que la récente manifestation contre la brutalité policière à Montréal _____ en violences.

(A) dégénère
(B) dégénérait
(C) avait dégénéré
(D) aurait dégénéré
(E) eut dégénéré

409. Sophie a entendu dire que des cambrioleurs, profitant de l'absence d'Amélie Nothomb pendant le week-end, _____ un de ses manuscrits dans son appartement.

(A) ont volé
(B) avaient volé
(C) voleront
(D) voleraient
(E) volèrent

410. J'ai entendu dire que le rédacteur en chef de Rue89.com _____ à l'Élysée demain matin.

(A) sera
(B) est
(C) fut
(D) serait
(E) a été

411. Victoria m'a dit qu'elle _____ de Lille il y a deux semaines.

(A) est revenue
(B) fut revenue
(C) était revenue
(D) sera revenue
(E) serait revenue

412. Les théologiens qui s'insurgeaient contre la théorie héliocentrique au XVIIe siècle savaient bien que la Terre _____ autour du Soleil.

(A) tournera
(B) tournerait
(C) tourna
(D) tourne
(E) a tourné

413. Adam m'a assuré qu'il _____ le japonais en trois mois.

    (A) apprend

    (B) apprendrait

    (C) apprit

    (D) apprendra

    (E) a appris

414. Frédéric a déclaré qu'il _____ Juliette malgré son adhésion à l'UMP.

    (A) aimera

    (B) aime

    (C) aimait

    (D) a aimé

    (E) aimerait

415. Enzo m'a demandé si mon frère _____ à Florence la veille.

    (A) est

    (B) était

    (C) fut

    (D) a été

    (E) sera

416. Je ne _____ à Venise depuis cinq ans.

    (A) irais pas

    (B) allais pas

    (C) suis pas allé

    (D) suis pas aller

    (E) allais pas

417. Financé par le Parlement européen depuis 2007, notre centre _____ de problèmes sociaux.

    (A) s'est occupé

    (B) s'occupe

    (C) s'occupera

    (D) s'occuperait

    (E) s'occupa

418. Erik _____ à Paris depuis longtemps car la ville est trop frénétique.

(A) ne vient pas
(B) ne viendra pas
(C) n'est pas venu
(D) ne viendrait pas
(E) ne vint pas

419. Lourdes _____ des pèlerins depuis 1858, l'année où la Sainte Vierge est apparue à Bernadette Soubirous.

(A) attira
(B) attirait
(C) a attiré
(D) attire
(E) attirera

420. Justin _____ au Japon comme journaliste depuis un an, mais il n'a toujours pas été invité dans le Club de la Presse à Tokyo.

(A) travaille
(B) a travaillé
(C) travailler
(D) travaillera
(E) travaillerait

421. À la différence de son frère excentrique qui change d'emploi tous les trois mois, Maryse _____ chez Vivendi depuis 2001.

(A) travaille
(B) a travaillé
(C) travaillera
(D) travaillerait
(E) travailla

422. Depuis la promulgation de la nouvelle loi concernant les droits des détenus, les autorités locales _____ les conditions pénitentiaires.

(A) s'améliorent
(B) ont amélioré
(C) avaient amélioré
(D) amélioraient
(E) améliorèrent

423. Martin _____ en vacances à Biarritz depuis quatre semaines quand il a subitement décidé d'aller à Rome.

(A) fut

(B) sera

(C) serait

(D) était

(E) est

424. Charles _____ d'asthme depuis des années quand, un jour, il a trouvé un remède quasi miraculeux dans une pharmacie homéopathique.

(A) a souffert

(B) aurait souffert

(C) souffrait

(D) souffrira

(E) souffrit

425. Depuis qu'elle _____ mutée à Lyon l'an dernier, Inès n'est jamais revenue nous voir.

(A) a été

(B) fut

(C) sera

(D) serait

(E) est

426. Il y a déjà six ans que Lisa _____ les affaires financières de l'Association d'études chinoises.

(A) a dirigé

(B) dirigera

(C) dirige

(D) dirigea

(E) dirigerait

427. Il y a plus de deux heures que mon ordinateur ne _____ pas.

(A) marcherait

(B) marche

(C) marcha

(D) marchera

(E) a marché

428. Il y a déjà un quart de siècle que mon ami Zénon, qui travaille à Dijon comme alchimiste, _____ la pierre philosophale.

(A) cherchera
(B) chercherait
(C) chercha
(D) cherche
(E) a cherché

429. Il y a plus de trois ans que la réforme électorale _____ par le gouvernement.

(A) a été approuvée
(B) est approuvée
(C) était approuvée
(D) sera approuvée
(E) serait approuvée

430. Il y a moins de six semaines que notre directeur _____ le ministre de subventionner le centre de musique baroque.

(A) convainc
(B) convainquait
(C) a convaincu
(D) convaincra
(E) convaincrait

431. Un professeur très exigeant, M. Drouet, _____ de ses étudiants depuis de nombreuses années.

(A) a été apprécié
(B) est apprécié
(C) sera apprécié
(D) serait apprécié
(E) apprécie

432. Pendant trois ans, les corbeaux de notre quartier _____ par un scientifique, qui a beaucoup écrit sur l'intelligence des animaux.

(A) ont été observés
(B) observent
(C) ont observés
(D) seraient observés
(E) étaient observés

433. Le document que tu recevras cet après-midi _____ de plusieurs longues annexes.

(A) fut suivi
(B) sera suivi
(C) serait suivi
(D) suivra
(E) est suivi

434. Le livre de mon professeur de français _____ par Gallimard en 2009.

(A) sera publié
(B) serait publié
(C) était publié
(D) a été publié
(E) est publié

435. Lena, qui n'est pas une personne rigide, _____ toujours facilement convaincre par des arguments fondés sur des faits scientifiques solides.

(A) se laissera
(B) se laisse
(C) se laisserait
(D) se laissa
(E) s'est laissée

436. L'Empire byzantin _____ en 1453.

(A) est détruit
(B) serai détruit
(C) a été détruit
(D) sera détruit
(E) était détruit

437. Mettre les pieds sur la table, ça _____.

(A) ne se faisait pas
(B) ne se fait pas
(C) ne se fera pas
(D) ne se ferait pas
(E) ne se fit pas

438. Après la publication de son article contre le gouvernement, le téléphone de Nadia _____ sur écoute.

(A) était mis
(B) a été mis
(C) sera mis
(D) serait mis
(E) est mis

439. Même si la bêtise d'un coordinateur de projet est un fait connu de tous, ça ne _____ en public dans une entreprise.

(A) se dira pas
(B) se disait pas
(C) s'est dit pas
(D) se dit pas
(E) se dirait pas

440. Une série d'articles extraordinaires contre la corruption dans les cercles financiers _____ par un récipiendaire du prix Pulitzer il y a deux mois.

(A) sont écrits
(B) ont été écrits
(C) seront écrits
(D) seraient écrits
(E) étaient écrit

441. Tu _____ me faire des déclarations d'amour, je ne te crois pas.

(A) avais beau
(B) aurais beau
(C) as beau
(D) auras beau
(E) eus beau

442. Max _____ travailler jour et nuit, son projet reste au point mort.

(A) eut beau
(B) a beau
(C) aura beau
(D) aurait beau
(E) avait beau

443. Emma _____ étudier pendant des mois, elle a raté le concours.

(A) a beau
(B) avait beau
(C) aurait beau
(D) a eu beau
(E) aura beau

444. Yves _____ faire de grands discours, je n'étais jamais d'accord avec lui.

(A) a beau
(B) eut beau
(C) aura beau
(D) aurait beau
(E) avait beau

445. Marc-Antoine _____ glorifier l'alpinisme sans cesse, je préfère les promenades dans la forêt.

(A) eut beau
(B) avait beau
(C) a beau
(D) aurait beau
(E) aura beau

446. Mes employeurs _____ afficher leur enthousiasme pour les avancées technologiques, mes outils de travail sont d'une époque révolue.

(A) avaient beau
(B) ont beau
(C) eurent beau
(D) auront beau
(E) auraient beau

447. Vincent _____ critiquer le rapport annuel pendant tout le déjeuner, ses collègues l'ont accepté à l'unanimité.

(A) a eu beau
(B) avait beau
(C) aura beau
(D) aurait beau
(E) a beau

448. Céline Dion _____ être appréciée par ses compatriotes québécois, c'est aux États-Unis qu'elle a le plus de fans.

(A) a eu beau
(B) aura beau
(C) eut beau
(D) a beau
(E) aurait beau

449. On _____ tourner et retourner le problème, la construction d'une machine pour voyager dans le temps restera toujours hors de notre portée.

(A) a beau
(B) avait beau
(C) aura beau
(D) a eu beau
(E) eut beau

450. Vous _____ obtenir une belle augmentation de salaire, vos amis riches ne seraient pas impressionnés.

(A) aviez beau
(B) aurez beau
(C) auriez beau
(D) avez beau
(E) eûtes beau

Words Will Take You for a Ride

This chapter provides review for the following exam topics:
- French *faux-amis*
- Homophonous homonyms
- Homographic homonyms
- French slang

Choisir la traduction correcte.

451. Lisa and Florentin attended Mnouchkine's *Le Dernier Caravansérail* at La Cartoucherie in Paris.

(A) Lisa et Florentin ont participé au *Dernier Caravansérail* de Mnouchkine à La Cartoucherie à Paris.

(B) Lisa et Florentin ont attendu au *Dernier Caravansérail* de Mnouchkine à La Cartoucherie à Paris.

(C) Lisa et Florentin ont assisté au *Dernier Caravansérail* de Mnouchkine à La Cartoucherie à Paris.

(D) Lisa et Florentin ont atteint au *Dernier Caravansérail* de Mnouchkine à La Cartoucherie à Paris.

(E) Lisa et Florentin ont aidé au *Dernier Caravansérail* de Mnouchkine à La Cartoucherie à Paris.

452. Joachim eventually agreed that Colombine was right.

(A) Joachim a fini par admettre que Colombine avait raison.

(B) Joachim a pensé que Colombine avait probablement raison.

(C) Joachim a sans doute pensé que Colombine avait raison.

(D) Joachim a éventuellement finit par admettre que Colombine avait raison.

(E) Joachim finirait par admettre que Colombine avait raison.

453. Drinking alcohol in excess presents a real health hazard.
   (A) L'excès d'alcool représente une contingence pour la santé.
   (B) L'excès d'alcool représente un hasard pour la santé.
   (C) L'excès d'alcool représente une occasion pour la santé.
   (D) L'excès d'alcool représente un risque pour la santé.
   (E) L'excès d'alcool représente une chance pour la santé.

454. Here are ten books to improve your mind.
   (A) Voici dix livres pour vous augmenter votre esprit.
   (B) Voici dix livres pour vous améliorer votre tête.
   (C) Voici dix livres pour vous improviser.
   (D) Voici dix livres pour vous accroître votre cerveau.
   (E) Voici dix livres pour vous cultiver.

455. Carole is angry because of this stupid foot injury.
   (A) Carole est en colère à cause de cette stupide injure au pied.
   (B) Carole est en colère à cause de ce stupide préjudice au pied.
   (C) Carole est en colère à cause de cette stupide blessure au pied.
   (D) Carole est en colère à cause de ce stupide jury au pied.
   (E) Carole est en colère à cause de cette stupide insulte au pied.

456. You must rest here for an hour since we have a lot to do this afternoon.
   (A) Tu dois te restaurer ici une heure car nous avons beaucoup à faire cet après-midi.
   (B) Tu dois te reposer ici une heure car nous avons beaucoup à faire cet après-midi.
   (C) Tu dois te rétablir ici une heure car nous avons beaucoup à faire cet après-midi.
   (D) Tu dois demeurer ici une heure car nous avons beaucoup à faire cet après-midi.
   (E) Tu dois te rester ici une heure car nous avons beaucoup à faire cet après-midi.

457. Mila has faith in God.
   (A) Mila a foi en Dieu.
   (B) Mila a fois en Dieu.
   (C) Mila a foix en Dieu.
   (D) Mila a foie en Dieu.
   (E) Mila a foiz en Dieu.

458. The ogre likes fresh meat (flesh).

    (A) L'ogre aime la chair fraîche.

    (B) L'ogre aime la cheer fraîche.

    (C) L'ogre aime la chère fraîche.

    (D) L'ogre aime la chere fraîche.

    (E) L'ogre aime la chaire fraîche.

459. Jacques was fined € 200.

    (A) Jacques a eu une amemde de 200 €.

    (B) Jacques a eu une amande de 200 €.

    (C) Jacques a eu une ammande de 200 €.

    (D) Jacques a eu une almende de 200 €.

    (E) Jacques a eu une amende de 200 €.

460. The ceremony took place in the courtyard.

    (A) La cérémonie a eu lieu dans le cours.

    (B) La cérémonie a eu lieu dans la cour.

    (C) La cérémonie a eu lieu à la Cour.

    (D) La cérémonie a eu lieu sur le court.

    (E) La cérémonie a eu lieu à la courre.

461. Laure found a worm in her glass.

    (A) Laure a trouvé un verre dans son vers.

    (B) Laure a trouvé un vers dans son verre.

    (C) Laure a trouvé un ver dans son vert.

    (D) Laure a trouvé un ver dans son verre.

    (E) Laure a trouvé un vert dans son ver.

462. The frying pan I just bought is made out of copper.

    (A) La poele que je viens d'acheter est en cuivre.

    (B) Le poêle que je viens d'acheter est en cuivre.

    (C) La poêle que je viens d'acheter est en cuivre.

    (D) La poële que je viens d'acheter est en cuivre.

    (E) Le poil que je viens d'acheter est en cuivre.

463. He left without finishing his sentence.

    (A) Il est parti sans aboutir à sa phrase.

    (B) Il est parti sans achever sa phrase.

    (C) Il est parti sans réaliser sa phrase.

    (D) Il est parti sans effectuer sa phrase.

    (E) Il est parti sans accomplir sa phrase.

464. The lawyer deceived his client.

    (A) L'avocat a trahi sa cliente.

    (B) L'avocat a déçu sa cliente.

    (C) L'avocat a traqué sa cliente.

    (D) L'avocat a décerné sa cliente.

    (E) L'avocat a trompé sa cliente.

465. I didn't order this! Take it back right away!

    (A) Ce n'est pas ce que j'ai commandé ! Remportez-le immédiatement !

    (B) Ce n'est pas ce que j'ai coordonné ! Remportez-le immédiatement !

    (C) Ce n'est pas l'ordre que j'ai donné ! Remportez-le immédiatement !

    (D) Ce n'est pas ce que j'ai ordonné ! Remportez-le immédiatement !

    (E) Ce n'est pas ce que j'ai ordonnancé ! Remportez-le immédiatement !

466. The girl upstairs always has eccentric clothes.

    (A) La nana du dessus, elle a toujours des colères excentriques.

    (B) La nana du dessus, elle a toujours des flingues excentriques.

    (C) La nana du dessus, elle a toujours des fringues excentriques.

    (D) La nana du dessus, elle a toujours des franges excentriques.

    (E) La nana du dessus, elle a toujours des clôtures excentriques.

467. Last night Cheb Khaled was a big hit at the Zenith.

    (A) Hier soir, Cheb Khaled a frappé des mains au Zénith.

    (B) Hier soir, Cheb Khaled a marqué un but au Zénith.

    (C) Hier soir, Cheb Khaled a été bien reçu au Zénith.

    (D) Hier soir, Cheb Khaled a fait un tabac au Zénith.

    (E) Hier soir, Cheb Khaled a été frappé au Zénith.

468. Aïcha landed a job in a big firm in Germany.

    (A) Aïcha a débarqué un boulot dans une grosse boîte en Allemagne.

    (B) Aïcha a posée un boulot dans une grosse boîte en Allemagne.

    (C) Aïcha a postulé pour un boulot dans une grosse boîte en Allemagne.

    (D) Aïcha a décroché un boulot dans une grosse boîte en Allemagne.

    (E) Aïcha a candidaté pour un boulot dans une grosse boîte en Allemagne.

469. Her boyfriend is loaded. Have you seen his new car?

    (A) Son petit ami est pénible. T'as vu sa nouvelle bagnole?

    (B) Son petit ami est bourré de fric. T'as vu sa nouvelle bagnole?

    (C) Son petit ami est surdiplômé. T'as vu sa nouvelle bagnole?

    (D) Son petit ami est casse-pieds. T'as vu sa nouvelle bagnole?

    (E) Son petit ami est très doué. T'as vu sa nouvelle bagnole?

470. This guy can do whatever he wants. I don't care.

    (A) Ce mec, il peut faire ce qu'il veut. Je m'en fiche.

    (B) Ce mec, il peut faire ce qu'il veut. Je ne vais rien faire.

    (C) Ce mec, il peut faire ce qu'il veut. Je ne vais pas le soigner.

    (D) Ce mec, il peut faire ce qu'il veut. Je ne l'aime pas du tout.

    (E) Ce mec, il peut faire ce qu'il veut. Je n'en ai pas besoin.

471. This new Mexican restaurant is really trendy.

    (A) Ce nouveau restaurant mexicain est très tranchant.

    (B) Ce nouveau restaurant mexicain est très attractif.

    (C) Ce nouveau restaurant mexicain est très démodé.

    (D) Ce nouveau restaurant mexicain est très attirant.

    (E) Ce nouveau restaurant mexicain est très branché.

472. This joke is not funny.

    (A) Cette blague n'est pas maussade.

    (B) Cette blague n'est pas mourante.

    (C) Cette blague n'est pas marrante.

    (D) Cette blague n'est pas monotone.

    (E) Cette blague n'est pas marrone.

473. My sister-in-law is addicted to chocolate.

    (A) Ma belle-sœur est accro au chocolat.

    (B) Ma belle-sœur est piquante au chocolat.

    (C) Ma belle-sœur est folle au chocolat.

    (D) Ma belle-sœur est piquetée au chocolat.

    (E) Ma belle-sœur est timbrée au chocolat.

474. I took five books to my country house.

    (A) J'ai emporté cinq bouquineurs à la campagne.

    (B) J'ai emporté cinq boucs à la campagne.

    (C) J'ai emporté cinq bouquinistes à la campagne.

    (D) J'ai emporté cinq bouquins à la campagne.

    (E) J'ai emporté cinq bouquetins à la campagne.

475. I'm fed up with you!

    (A) Je suis nourrie de toi !

    (B) J'en ai marre de toi !

    (C) Je te manque !

    (D) Je t'en veux !

    (E) Tu es marrant !

CHAPTER 10

My World Is a Book

This chapter provides review for the following exam topics:
- Reading comprehension
- Literature and culture

Identifier la réponse correcte.

476. *Mémoires de deux jeunes mariées*, Honoré de Balzac

Je m'observe. Malgré les efforts de Louis, dont l'amour me comble de soins, de douceurs, de tendresses, j'ai de vagues inquiétudes auxquelles se mêlent les dégoûts, les troubles, les singuliers appétits de la grossesse. Si je dois te dire les choses comme elles sont, au risque de te causer quelque déplaisance pour le métier, je t'avoue que je ne conçois pas la fantaisie que j'ai prise pour certaines oranges, goût bizarre et que je trouve naturel. Mon mari va me chercher à Marseille les plus belles oranges du monde ; il en a demandé de Malte, de Portugal, de Corse ; mais ces oranges, je les laisse. Je cours à Marseille, quelquefois à pied, y dévorer de méchantes oranges à un liard, quasi pourries, dans une petite rue qui descend au port, à deux pas de l'Hôtel-de-Ville ; et leurs moisissures bleuâtres ou verdâtres brillent à mes yeux comme des diamants : j'y vois des fleurs, je n'ai nul souvenir de leur odeur cadavéreuse et leur trouve une saveur irritante, une chaleur vineuse, un goût délicieux. Eh ! bien, mon ange, voilà les premières sensations amoureuses de ma vie. Ces affreuses oranges sont mes amours.

(A) La narratrice et son mari partent au Portugal.
(B) La narratrice adore les clémentines pourries.
(C) Son mari lui a offert un diamant.
(D) La narratrice adore les oranges.
(E) Marseille se situe en Corse.

477. *Voyage au bout de la nuit*, Louis-Ferdinand Céline

Pour une surprise, c'en fut une. À travers la brume, c'était tellement étonnant ce qu'on découvrait soudain que nous nous refusâmes d'abord à y croire et puis tout de même quand nous fûmes en plein devant les choses, tout galérien qu'on était on s'est mis à bien rigoler, en voyant ça, droit devant nous...

Figurez-vous qu'elle était debout leur ville, absolument droite. New York c'est une ville debout. On en avait déjà vu nous des villes bien sûr, et des belles encore, et des ports et des fameux mêmes. Mais chez nous, n'est-ce pas, elles sont couchées les villes, au bord de la mer ou sur les fleuves, elles s'allongent sur le paysage, elles attendent le voyageur, tandis que celle-là l'Américaine, elle ne se pâmait pas, non, elle se tenait bien raide, là, [...] raide à faire peur.

(A) New York est la seule belle ville que le narrateur ait vue.
(B) Il faisait plein soleil.
(C) À New York, les bâtiments sont très hauts.
(D) À cette époque-là, les villes européennes avaient de nombreux gratte-ciel.
(E) Le narrateur n'est pas du tout surpris en arrivant à New York.

478. *La Vénus d'Ille*, Prosper Mérimée

« Vous savez bien mon anneau ? poursuivit-il après un silence.

—Eh bien ! on l'a pris ?

—Non.

—En ce cas, vous l'avez ?

—Non... je... Je ne puis l'ôter du doigt de cette diable de Vénus.

—Bon ! vous n'avez pas tiré assez fort.

—Si fait... Mais la Vénus... elle a serré le doigt.

Il me regardait fixement d'un air hagard, s'appuyant à l'espagnolette pour ne pas tomber.

—Quel conte ! lui dis-je. Vous avez trop enfoncé l'anneau. Demain vous l'aurez avec des tenailles. Mais prenez garde de gâter la statue.

—Non, vous dis-je. Le doigt de la Vénus est retiré, reployé ; elle serre la main, m'entendez-vous ?... C'est ma femme, apparemment, puisque je lui ai donné mon anneau... Elle ne veut plus le rendre. »

J'éprouvai un frisson subit, et j'eus un instant la chair de poule. Puis, un grand soupir qu'il fit m'envoya une bouffée de vin, et toute émotion disparut.

(A)   La Vénus est une statue.

(B)   Le narrateur a une poule dans son jardin.

(C)   L'homme a perdu un gant.

(D)   La Vénus est très docile.

(E)   La statue n'a pas de bras.

479. *Alcools*, Guillaume Apollinaire

« Le pont Mirabeau »

Sous le pont Mirabeau coule la Seine
Et nos amours
Faut-il qu'il m'en souvienne
La joie venait toujours après la peine.
Vienne la nuit sonne l'heure
Les jours s'en vont je demeure
Les mains dans les mains restons face à face
Tandis que sous
Le pont de nos bras passe
Des éternels regards l'onde si lasse
Vienne la nuit sonne l'heure
Les jours s'en vont je demeure
L'amour s'en va comme cette eau courante
L'amour s'en va
Comme la vie est lente
Et comme l'Espérance est violente
Vienne la nuit sonne l'heure
Les jours s'en vont je demeure
Passent les jours et passent les semaines
Ni temps passé
Ni les amours reviennent
Sous le pont Mirabeau coule la Seine

(A)   Pour le narrateur, la vie est turbulente.
(B)   Le pont Mirabeau se trouve en Normandie.
(C)   Le narrateur fait une promenade en bateau sur la Seine.
(D)   L'amour est éternel.
(E)   Le narrateur a le cœur brisé.

480. *L'Assommoir*, Émile Zola

Cependant, il surveillait la queue du cortège. D'un geste, il commanda une halte, au milieu du salon carré. Il n'y avait là que des chefs-d'œuvre, murmurait-il à demi-voix, comme dans une église. On fit le tour du salon. Gervaise demanda le sujet des Noces de Cana ; c'était bête de ne pas écrire les sujets sur les cadres. Coupeau s'arrêta devant la Joconde, à laquelle il trouva une ressemblance avec une de ses tantes. [...]

Peu à peu, pourtant, le bruit avait dû se répandre qu'une noce visitait le Louvre ; des peintres accouraient, la bouche fendue d'un rire ; des curieux s'asseyaient à l'avance sur des banquettes, pour assister commodément au défilé ; tandis que les gardiens, les lèvres pincées, retenaient des mots d'esprit. Et la noce, déjà lasse, perdant de son respect, traînait ses souliers à clous, tapait ses talons sur les parquets sonores, avec le piétinement d'un troupeau débandé, lâché au milieu de la propreté nue et recueillie des salles.

(A) Des peintres faisaient le portrait des mariés.
(B) Les visiteurs faisaient trop de bruit.
(C) Le cortège visitait une église.
(D) Une légende accompagnait les tableaux.
(E) La mariée ressemblait à la Joconde.

481. *Madame Bovary*, Gustave Flaubert

—Une chose... grave, sérieuse. Eh ! non, d'ailleurs, vous ne partirez pas, c'est impossible ! Si vous saviez... Écoutez-moi... Vous ne m'avez donc pas compris ? vous n'avez pas deviné ?...

—Cependant vous parlez bien, dit Emma.

—Ah ! des plaisanteries ! Assez, assez ! Faites, par pitié, que je vous revoie... une fois... une seule.

—Eh bien !...

Elle s'arrêta ; puis, comme se ravisant :

—Oh ! pas ici !

—Où vous voudrez.

—Voulez-vous...

Elle parut réfléchir, et, d'un ton bref :

—Demain, à onze heures, dans la cathédrale.

—J'y serai ! s'écria-t-il en saisissant ses mains, qu'elle dégagea.

Et, comme ils se trouvaient debout tous les deux, lui placé derrière elle et Emma baissant la tête, il se pencha vers son cou et la baisa longuement à la nuque.

—Mais vous êtes fou ! ah ! vous êtes fou ! disait-elle avec de petits rires sonores, tandis que les baisers se multipliaient.

(A) Le rendez-vous aura lieu à onze heures.

(B) Emma est triste.

(C) Les deux personnages se retrouveront devant la cathédrale.

(D) Le personnage masculin n'aime pas vraiment Emma.

(E) Emma et son amant sont assis dans la cathédrale.

482. *Voyage autour de ma chambre*, Xavier de Maistre

Aussi, lorsque je voyage dans ma chambre, je parcours rarement une ligne droite : je vais de ma table vers un tableau qui est placé dans un coin ; de là je pars obliquement pour aller à la porte ; mais, quoique en partant mon intention soit bien de m'y rendre, si je rencontre mon fauteuil en chemin, je ne fais pas de façons, et je m'y arrange tout de suite. —
C'est un excellent meuble qu'un fauteuil ; il est surtout de la dernière utilité pour tout homme méditatif. Dans les longues soirées d'hiver, il est quelquefois doux, et toujours prudent de s'y étendre mollement, loin du fracas des assemblées nombreuses.— Un bon feu, des livres, des plumes ; que de ressources contre l'ennui ! Et quel plaisir encore d'oublier ses livres et ses plumes pour tisonner son feu, en se livrant à quelque douce méditation, ou en arrangeant quelques rimes pour égayer ses amis ! Les heures glissent alors sur vous, et tombent en silence dans l'éternité, sans vous faire sentir leur triste passage.

(A)   Le narrateur porte un chapeau à plume.
(B)   Parfois, le narrateur brûle ses livres dans la cheminée.
(C)   Le narrateur n'aime pas rester chez lui.
(D)   Le narrateur décrit en détail une armoire.
(E)   Le fauteuil est le meuble préféré du narrateur.

483. *Voyage au Congo*, André Gide

Bambari, 3 octobre.

Bambari est situé sur une élévation de terrain d'où l'on domine toute la contrée, par-delà la Ouaka qui coule à trois cents mètres du poste, et que nous avons traversée en bac hier soir. Ce matin, visites à l'école ct au dispensaire. C'est le jour du marché mensuel. Nous nous y rendons, curieux de voir si ces messieurs d'hier y viendront et si le même scandale s'y reproduira. Mais aujourd'hui n'a lieu que la pesée ; à demain les enchères. Le caoutchouc se payait ici seize francs cinquante le mois dernier, nous dit-on.

(A)   Les personnages sont arrivés à Bambari à cheval.
(B)   Bambari se trouve dans une vallée.
(C)   Le prix du caoutchouc a tendance à fluctuer.
(D)   À Bambari, il y a un marché une fois par semaine.
(E)   Hier, les personnages ont rencontré des femmes au marché.

484. *Madame Chrysanthème*, Pierre Loti

Je monte sur la pointe du pied, —et je m'arrête, entendant chanter là-haut chez moi.

C'est bien la voix de Chrysanthème, et la chanson est gaie ! J'en suis dérouté, refroidi, et j'ai presque un regret d'avoir pris la peine de venir.

Il s'y mêle un bruit que je ne m'explique pas : *dzinn ! dzinn !* des tintements argentins très purs, comme si on lançait fortement des pièces de monnaie contre le plancher. Je sais bien que cette maison vibrante exagère toujours les sons, pendant les silences de midi aussi bien que pendant les silences nocturnes ; mais c'est égal, je suis intrigué de savoir ce que ma mousmé peut faire. —*Dzinn ! dzinn !* est-ce qu'elle s'amuse au palet, ou au *jeu du crapaud*, — ou à pile ou face ?... [...]

Elle ne m'a pas entendu venir. Dans notre grande chambre complètement vidée, balayée, blanche, où entrent le clair soleil, et le vent tiède, et les feuilles jaunies des jardins, elle est seule assise, tournant le dos à la porte ; elle est habillée pour la rue, prête à se rendre chez sa mère, ayant à côté d'elle son parasol rose.

Par terre, étalées, toutes les belles piastres blanches que, suivant nos conventions, je lui ai données hier au soir.

(A) Chrysanthème a rendez-vous avec un membre de sa famille.
(B) Chrysanthème aime jouer au palet.
(C) La maison est très bien insonorisée.
(D) Le narrateur n'est pas surpris par la situation.
(E) Chrysanthème est sous un parasol dans le jardin.

485. *Sur les chats*, Guy de Maupassant

Puis, ma pensée s'éclairant, je reconnus que c'était un chat, un gros chat roulé contre ma joue et qui dormait avec confiance.

Je l'y laissai, et je fis comme lui, encore une fois.

Quand le jour parut, il était parti ; et je crus vraiment que j'avais rêvé ; car je ne comprenais pas comment il aurait pu entrer chez moi, et en sortir, la porte étant fermée à clef.

Quand je contai mon aventure (pas en entier) à mon aimable hôte, il se mit à rire, et me dit : « Il est venu par la chatière », et soulevant un rideau il me montra, dans le mur, un petit trou noir et rond.

Et j'appris que presque toutes les vieilles demeures de ce pays ont ainsi de longs couloirs étroits à travers les murs, qui vont de la cave au grenier, de la chambre de la servante à la chambre du seigneur, et qui font du chat le roi et le maître de céans.

Il circule comme il lui plaît, visite son domaine à son gré, peut se coucher dans tous les lits, tout voir et tout entendre, connaître tous les secrets, toutes les habitudes ou toutes les hontes de la maison. Il est chez lui partout, pouvant entrer partout, l'animal qui passe sans bruit, le silencieux rôdeur, le promeneur nocturne des murs creux.

(A)   La chatière est un panier pour les chats.
(B)   Le chat est caché sous le lit.
(C)   Le narrateur a rêvé de trois gros chats.
(D)   Les chats ont tous les droits.
(E)   Le chat a griffé la joue du narrateur.

486. *Comment un professeur a « pourri le Web » et piégé ses élèves*

Numérique rime avec pédagogique ?

Un professeur de lettres, un peu inquiété par le phénomène (de plagiat), s'est décidé à mener une expérience instructive aussi bien pour lui que pour ses élèves.

Il remarquait depuis plusieurs mois des *« expressions syntaxiquement obscures »* dans les devoirs maison (DM) de ses élèves, et avait surpris la tricherie de l'un d'entre eux lors d'un contrôle sur table : à l'aide de son smartphone, l'élève avait effectué quelques recherches sur Internet lui permettant de mener à bien une dissertation avec une *« introduction catastrophique, mais un développement convenable »*.

Une rapide recherche sur Google permet en effet d'obtenir sur différents sites des dissertations, commentaires de texte et autres exposés. [...] Le professeur de lettres s'est donc attelé à *« pourrir le Web »* en y semant de fausses informations sur un *« poème baroque du XVIIème siècle, introuvable ou presque »*, un sonnet de Charles de Vion d'Alibray. [...]

Le rendu des copies fut *« un grand moment : après quelques instants de stupeur et d'incompréhension, ils ont ri et applaudi de bon cœur »*, note le professeur. D'après lui, l'expérience a été plutôt porteuse et semble avoir fait comprendre aux élèves le danger de la source unique que représente Internet, qui peut aller *« à l'encontre de l'autonomie de pensée et de la culture personnelle que l'école est supposée leur donner. »*

Antoine Oury, 22 mars 2012, *ActuaLitté*

(A) Le professeur a créé lui-même un poème.
(B) On peut trouver de nombreux corrigés sur Internet.
(C) Le professeur est intolérant.
(D) Certains élèves ont pleuré à l'annonce de leurs résultats.
(E) Le professeur s'est inquiété de l'absence de ses élèves.

487. *Le Musée des Tissus et des Arts décoratifs de Lyon*

Créé en 1985, l'atelier de restauration des textiles anciens, le premier en France, a pour mission de restaurer et de conserver les collections propres du Musée des Tissus ainsi que les collections extérieures. Dans cette perspective, l'atelier est équipé des technologies les plus avancées dans le respect des critères rigoureux de la restauration et de la conservation des tissus anciens. Cet atelier mène parallèlement une action d'enseignement auprès des professeurs et des étudiants, à travers des stages pratiques. Le centre de documentation des Musées des Tissus et des Arts décoratifs met à la disposition d'un public varié—chercheurs, étudiants, amateurs et professionnels—son expérience et son fonds inestimable. La bibliothèque créé en 1864 se révèle un excellent complément aux collections des musées. Son fonds très important, constitué d'environ 30 000 ouvrages, manuscrits, recueils de gravures et d'un millier de périodiques, permet d'aborder trois thèmes majeurs : le textile, la mode et les arts décoratifs. En 1992, le musée des Tissus a mis en service une banque d'images, dispositif à la fois performant et inédit permettant d'accéder aux archives du musée. Cet outil informatique numérique permet une connaissance parfaite du patrimoine textile et de son lieu de stockage, ainsi qu'une visualisation en instantané des pièces.

Visiter le site officiel du Musée des Tissus et des Arts décoratifs de Lyon.

(A)   Grâce aux nouvelles technologies, toutes les archives du musée sont accessibles au public.
(B)   La bibliothèque du musée remonte au XVIIIe siècle.
(C)   Des stages pratiques sont organisés pour créer des tissus.
(D)   L'atelier a pour mission de ne restaurer que les collections du musée des Tissus.
(E)   Toutes les pièces sont accrochées dans le musée.

488. *La promenade plantée*

La promenade plantée traverse tout le 12ᵉ arrondissement de Paris dans sa longueur (4,5 km). Elle emprunte le trajet d'une ancienne voie ferrée dont le trafic a cessé en 1969. La gare terminus était à la Bastille à l'emplacement actuel de l'opéra ; les trains allaient jusqu'à Boissy-Saint-Léger là où il y a maintenant le RER A.

La promenade plantée démarre derrière l'opéra Bastille. Elle surplombe l'avenue Daumesnil jusqu'au jardin de Reuilly : c'est le fameux Viaduc des Arts. L'allée Vivaldi constitue ensuite la partie commerçante de la promenade. Puis celle-ci continue en tunnels et en tranchées et on finit par rejoindre la Porte Dorée et le bois de Vincennes.

Bonne promenade.

Le site officiel de La Ville de Paris vous guidera sur *La promenade plantée*.

(A)   La promenade s'étend sur huit miles.
(B)   La promenade plantée emprunte le trajet du RER A.
(C)   La promenade plantée se situe au-dessus du niveau de la rue.
(D)   La promenade plantée se termine dans le XVIIᵉ arrondissement.
(E)   Toute la promenade est en plein air.

489. *Notre-Dame de la Garde*

La colline de la Garde (154 m) est un point de vue unique sur la ville, le Vieux-Port, le quartier du Panier, les îles du Frioul et d'If, le Nord de Marseille, les quartiers de la plage et les collines qui encerclent Marseille.

Au milieu du XIXe siècle, Monseigneur de Mazenod décide de construire une grande basilique Notre-Dame de la Garde. La première pierre est posée le 11 septembre 1853, les travaux sont confiés à l'architecte Espérandieu et la consécration a lieu le 5 juin 1864.

De style romano-byzantin : coupoles, polychromie des pierres, ors, mosaïques, la basilique répond parfaitement au programme des grandes constructions entreprises à Marseille sous Napoléon III. L'édifice se compose de deux parties : une église basse, crypte voûtée qui abrite notamment un crucifix polychrome datant de la chapelle du XVIe siècle, une « Mater Dolorosa » marbre terre cuite de Carpeaux, une église haute, le sanctuaire, consacrée à la Vierge où abondent les mosaïques à fond d'or et les marbres polychromes lui donnant l'aspect d'un reliquaire. À signaler : les portes de bronze et le maître-autel dessinés par Révoil, co-architecte de la basilique, une Vierge en argent de Chanuel, « une Annonciation » bas-relief en faïence polychrome, œuvre florentine du XVIe siècle. La présence de nombreux ex-voto exposés sur les murs, suspendus entre les piles de la nef, constitue une véritable collection d'Art Naïf, chronique attachante de la société marseillaise, témoins éloquents de la foi populaire, dédiés à celle que les Marseillais de toutes confessions désignent comme « la Bonne Mère ». Le campanile supporte une statue monumentale de la Vierge. Elle fut confiée au sculpteur Lequesne, exécutée en bronze doré à la feuille d'or par les ateliers Christofle à Paris, et mise en place en septembre 1870.

Faire un petit tour sur le site de l'Office du Tourisme de Marseille.

(A)   Un seul architecte a conçu la basilique.
(B)   Napoléon Bonaparte a mis en œuvre de nombreux projets à Marseille.
(C)   Marseille est située à 154 miles de la mer.
(D)   « La Bonne Mère » est le surnom de Marseille.
(E)   La basilique comporte deux églises.

490. *Les bouquinistes de Paris*

Avec leurs 900 « boîtes » et leurs 300 000 livres anciens ou contemporains, les bouquinistes offrent plus de 3 kilomètres de randonnée culturelle sur les quais de la Seine.

Les bouquinistes sont ouverts plusieurs jours par semaine sauf intempéries, dès 11h30 pour la plupart, et jusqu'au coucher du soleil.

300 000 livres anciens ou contemporains qui ont résisté aux modes et traversé le temps, des éditions épuisées que l'on ne retrouve nulle part ailleurs, mais aussi des estampes, gravures, revues, timbres et cartes postales de collection. Rendez-vous sur la rive droite, du pont Marie au quai du Louvre et sur la rive gauche, du quai de la Tournelle au quai Voltaire.

Dès le XVIe siècle, les colporteurs bouquinistes—libraires forains— parcourent les bords de la Seine, pour finalement y fixer leurs « boîtes » quelques siècles plus tard. Avec la création du Pont-Neuf et l'affluence de bouquinistes de plus en plus nombreux, naissent les premières lectures publiques, accompagnées de divertissements musicaux et spectacles de plein air. Lors de l'exposition universelle de 1900, on dénombre déjà 200 bouquinistes sur les quais de la Seine.

Retrouver les bouquinistes sur le site de La Ville de Paris.

(A) Les bouquinistes sont ouverts même quand il pleut.
(B) Les bouquinistes sont installés sur les deux côtés du fleuve.
(C) Les boîtes des bouquinistes ne contiennent que des parutions récentes.
(D) Actuellement, 200 bouquinistes sont installés sur le Pont-Neuf.
(E) Au XVIe siècle, les boîtes des bouquinistes étaient déjà installées sur les rives de la Seine.

491. *La forêt de Tronçais*

S'étendant sur près de 11 000 hectares, la forêt de Tronçais est l'un des plus beaux massifs forestiers de France. Entaillée à maintes reprises, la forêt a fini par reprendre ses droits et arbore aujourd'hui des spécimens plusieurs fois centenaires.

Cette importante chênaie compte également des hêtres et des charmes pour contraindre les chênes à aller chercher la lumière toujours plus haut. Les fûts de 40 mètres ainsi obtenus (après quelque 250 ans !) placent la voûte végétale à la hauteur des cathédrales. Traversée par César, réhabilitée sous Colbert, truffée jadis de camps maquisards gaulois et sites gallo-romains, la forêt conserve encore aujourd'hui les traces du passage de l'homme depuis l'ère préhistorique.

Une quarantaine de fontaines ont été répertoriées dans les bois. Pour la plupart secrètes et livrées à leur sort, elles étaient jadis entretenues avec soin, tant leur pureté était vitale.

La forêt fut de tout temps habitée. Sur la commune de Le Brethon, le prieuré de la Bouteille, dont il ne subsiste que la chapelle Saint Mayeul, signale que les moines bénédictins étaient venus s'isoler dans la forêt voilà 1000 ans. Encore au XIXe siècle, nombreuses étaient les huttes et les cabanes à occuper les sous-bois. Bûcherons, fendeurs et charbonniers logeaient sur leur lieu de travail et construisaient leur abri selon un modèle typique de leur corps de métier. Toujours en activité, les mérandiers façonnent le bois de Tronçais pour la fabrication des fûts des plus grands vins de Bordeaux.

De multiples légendes résonnent sous la voûte tricentenaire de la forêt. Parmi les plus connues, celle de la fontaine de Viljot raconte que les jeunes filles venaient consulter l'eau de la source pour découvrir si elles seraient bientôt mariées. Elles laissaient tomber une épingle, qui, si elle se piquait droite au fond, annonçait que la jeune fille avait « piqué un cœur » et trouverait un époux dans l'année.

Explorer l'Office du Tourisme de l'Allier.

(A) Les Romains ne sont jamais passés par la forêt de Tronçais.
(B) La forêt ne comporte que des chênes.
(C) Les jeunes filles qui buvaient l'eau de la source étaient sûres de trouver un mari.
(D) Les chênes servent à faire des tonneaux.
(E) Au XIXe siècle, les bûcherons habitaient dans les arbres.

492. *Les marchés de Paris*

Les marchés, au cœur de la ville de Paris depuis des siècles, se sont multipliés et diversifiés, notamment pour répondre aux attentes des clients en matière d'alimentation biologique ou d'horaires d'ouverture élargis.

Très attractifs pour les marchands comme pour les Parisiens, ces commerces de grande proximité contribuent au dynamisme économique de leur quartier.

L'attrait des marchés, lieux conviviaux appréciés des Parisiens, vient de leur très forte intégration dans la vie de quartier, ce qui leur donne un rôle réel d'animation et de vie.

Par cette forte attractivité, le marché peut aussi être la principale locomotive commerciale du quartier et profiter ainsi à l'ensemble des commerçants sédentaires environnants, comme le montre le cas du marché Saint-Honoré qui avait été supprimé, puis remis en fonctionnement en juin 2003.

Les marchés, depuis toujours des lieux d'échanges de marchandises mais aussi d'idées, se sont multipliés au fil des siècles, structurant le territoire et animant la vie sociale de la capitale. L'histoire des marchés de Paris remonte au marché Palu dans l'Île de la Cité au cœur de la Lutèce du Ve siècle (ce marché a disparu depuis).

En 1860, 51 lieux d'accueil pour le commerce non sédentaire existaient déjà. Avec la réouverture du marché des Enfants Rouges, le plus vieux marché couvert de Paris, la création de nouveaux marchés et l'ouverture de certains d'entre eux l'après-midi, la ville compte désormais 95 marchés, y compris les puces et les marchés spécialisés.

Au 1er août 2006, le nombre de commerçants non sédentaires est d'environ 9000 sur l'ensemble des marchés parisiens.

Les marchés de Paris figurent sur le site officiel de La Ville de Paris.

(A) Le marché Palu est le plus vieux marché couvert de Paris.
(B) Les marchés de Paris connaissent une renaissance.
(C) Les commerçants sont tous sédentaires.
(D) Personne ne s'intéresse aux produits bio.
(E) Autrefois, le marché Saint-Honoré était desservi par une locomotive à vapeur.

493. *Comment créer une association selon la loi de 1901 ?*

Voici le mode d'emploi pour ne rien oublier :

—Pensez à définir un projet le plus précisément possible : quels types d'activités, de services ou de produits proposés ? À quel public ?

—Rédigez des statuts et présentez-les aux autres membres fondateurs pour en discuter et éventuellement les modifier.

—Organisez l'assemblée constitutive : cette assemblée n'a rien d'obligatoire mais, là encore, elle facilitera le débat démocratique. Après l'approbation des statuts, vous pourrez procéder à l'élection des membres du conseil d'administration.

—Rédigez le compte-rendu de cette assemblée en n'oubliant pas de préciser les administrateurs (les fondateurs) et leurs responsabilités au sein de l'association.

—Enfin, vous devez déposer ou expédier au Bureau des associations de la Préfecture de Police les pièces suivantes :

- Une déclaration sur papier libre en deux exemplaires signée par tous les membres du bureau et mentionnant le titre de l'association, l'objet, l'adresse du siège social, la liste des membres du bureau, en indiquant leur nom, prénom, nationalité, profession, domicile complet et fonction dans l'association (président, secrétaire, trésorier...).
- Les statuts sur papier libre en deux exemplaires, datés et signés par un membre du bureau.
- Un formulaire à retirer au Bureau des associations de la Préfecture de Police, destiné à la publication au Journal Officiel (frais d'insertion au J.O. : 44 €)

Pour plus d'informations :

Préfecture de Police

Tél : 0 821 36 19 01 de 14h à 17h.

Visiter le site de la Mairie de Paris.

(A) L'association doit avoir un président.

(B) Si vous n'êtes pas français, vous ne pouvez pas fonder une association.

(C) L'association ne peut avoir qu'une seule activité.

(D) Ériger des statues en papier mâché de tous les membres du bureau.

(E) Le président est omnipuissant.

494. *Le château de Chenonceau*

Propriété de la Couronne, puis résidence royale, le château de Chenonceau est un site exceptionnel, par sa conception originale, la richesse de ses collections, de son mobilier et de sa décoration, mais aussi par sa destinée, puisqu'il fut aimé, administré et protégé par des femmes, toutes hors du commun et qui, pour la plupart, ont marqué l'histoire.

« Château des Dames » pour l'histoire de France, bâti en 1513 par Katherine Briçonnet, embelli successivement par Diane de Poitiers et Catherine de Médicis, Chenonceau fut sauvé des rigueurs de la Révolution par Madame Dupin. Cette empreinte féminine est partout présente, le préservant des conflits et des guerres pour en faire depuis toujours un lieu de paix.

Le château de Chenonceau possède une exceptionnelle collection muséale de peintures de grands maîtres. Ainsi qu'une rarissime sélection de tapisseries des Flandres du XVIe siècle. Tout au long de son histoire, ce château emblématique a toujours attiré les talents et inspiré les plus grands artistes. Au château de Chenonceau, la mise en fleurs de chacune des pièces, somptueusement meublées, ajoute encore au raffinement. Chambre des cinq reines, salon Louis XIV, grande galerie sur le Cher, étonnantes cuisines construites dans les piles du pont, Cabinet Vert de Catherine de Médicis...

Château visionnaire, de la Renaissance au siècle des Lumières, Chenonceau s'est en permanence nourri de l'innovation, héritier des plus grands penseurs et philosophes du moment. Ses hôtes venus du monde entier découvrent aujourd'hui la qualité de son accueil, grâce à une visite libre ou audio guidée avec l'iPod vidéo (en onze langues).

Voir le site officiel du château de Chenonceau.

(A) Louis XIV fit bâtir Chenonceau.
(B) Le pont du château enjambe le Cher.
(C) Clovis Ier séjourna plusieurs fois au château de Chenonceau.
(D) Catherine de Médicis, passionnée de philosophie, invita souvent Diderot dans son Cabinet Vert.
(E) La construction du château de Chenonceau remonte au début du XVIe siècle.

495. *La grotte de Lascaux*

Elle fut découverte le 12 septembre 1940 par quatre jeunes gens partis à la recherche de leur chien disparu dans un trou. L'instituteur de Montignac, averti de cette découverte, alerta aussitôt l'abbé Breuil, qui vint sur place et fit une étude minutieuse de cette grotte qu'il baptisa « la Chapelle Sixtine du Périgordien ».

La grotte est composée de deux grandes salles, la Rotonde et l'Abside, et de galeries plus ou moins larges, ornées d'environ 1500 gravures et 600 dessins peints en jaune, rouge et noir. Les peintures et gravures représentent des taureaux, des chevaux, des cerfs, des bouquetins, mais aussi des félins, un renne, un ours, un rhinocéros et un animal fantastique, tous accompagnés de points et de motifs géométriques dont la signification est inconnue.

Classée monument historique, la grotte est inaugurée en 1948, mais malgré les précautions prises, les peintures commencèrent à se détériorer, l'effet du gaz carbonique et la pénétration de l'humidité entraînant le développement d'une moisissure verte et un dépôt de calcite blanchâtre. La grotte fut définitivement fermée au public en 1963.

Dix ans plus tard, le projet d'un fac-similé est émis, qui aboutira à l'ouverture de Lascaux II en 1983. Ce fac-similé, réalisé par Monique Peytral, est situé à 200 m de la grotte originale. Les deux galeries reproduites—la Salle des Taureaux et le Diverticule Axial—rassemblent la majeure partie des peintures de Lascaux. Une véritable prouesse technologique et une grande rigueur scientifique ont permis de recréer l'atmosphère de la cavité originale.

En dix ans, plus de trois millions de visiteurs ont pu découvrir, grâce à son double, le plus célèbre sanctuaire du monde, qui a pu ainsi renaître à la vue du public.

Découvrir le site de l'Office du Tourisme Dordogne et Périgord.

(A) Une des peintures représente un éléphanteau.
(B) Un abbé découvrit la grotte.
(C) Le gaz carbonique a endommagé les peintures.
(D) La grotte a été fermée au public dans les années 1970.
(E) Madame Peytral a reçu un fax de félicitations du président pour cette prouesse technologique.

496. *Les années 80 dans ma vieille Ford,* Dany Laferrière

J'ai trouvé un petit appartement crasseux mais lumineux, tout près d'un minuscule parc : le Carré Saint-Louis. C'est là que j'ai commencé à écrire un premier roman que je perdrais au moment d'un déménagement. Il m'a fallu quitter tout de suite cet appartement parce que j'en avais trouvé un autre plus grand et moins cher sur la rue Saint-Hubert, derrière la gare centrale. Des copains étaient venus m'aider. On buvait tout en empaquetant les livres dans les boîtes (je n'avais que des livres, deux chaudières, une casserole, quelques verres à vin, mes vêtements, et un tas de bouquins achetés dans des librairies où l'on vendait des livres d'occasion). Le vrai motif de cette précipitation c'est que ce nouvel appartement disposait d'une grande baignoire rose, ce que je n'avais pas à Saint-Denis. Ceux qui n'habitent pas une grande ville peuvent ignorer l'importance de la baignoire dans la vie d'un citadin constamment agressé par des bruits, des odeurs et des sirènes. C'est une forme d'oasis. On fait couler le bain, on place une pile de livres à côté, une bouteille de mauvais vin, le voyage peut alors commencer. On lit, on rêve. L'eau me ramenait toujours sur mon île et dans mon enfance. À ce moment-là, je n'avais besoin de personne. J'appartenais à ce monde rond et lent : l'univers aquatique. La baignoire c'est la mer moins les requins. L'océan privé. On se demande comment un Antillais peut comparer la mer à une baignoire. Eh bien, c'était cela ou rien. Je n'allumais pas, je laissais le soir entrer doucement dans la salle de bains.

Avec l'aimable autorisation de *Mémoire d'encrier.*

(A) Dany Laferrière adore lire dans son bain.
(B) La baignoire à Saint-Denis était rose.
(C) En raison du bruit, l'écrivain a fini par déménager à Saint-Denis.
(D) L'écrivain a perdu son premier roman dans le Carré Saint-Louis.
(E) L'écrivain boit du bon vin dans son bain.

497. *Verdun, le 18 octobre 1917*

Ma très chère Louise,

J'ai quitté les tranchées hier au soir vers 23h, maintenant je suis au chaud et au sec à l'hôpital, j'ai à peu près ce qu'il faut pour manger.

Hier, vers 19h, on a reçu l'ordre de lancer une offensive sur la tranchée ennemie à un peu plus d'un kilomètre. Pour arriver là-bas, c'est le parcours du combattant, il faut éviter les obus, les balles allemandes et les barbelés. Lorsqu'on avance, il n'y a plus de peur, plus d'amour, plus de sens, plus rien. On doit courir, tirer et avancer. Les cadavres tombent, criant de douleur. [...] Un obus éclata à une dizaine de mètres de moi et un éclat vint s'ancrer dans ma cuisse gauche, je poussai un grand cri de douleur et tombai sur le sol. Plus tard, les médecins et infirmiers vinrent me chercher pour m'emmener à l'hôpital, aménagé dans une ancienne église bombardée. L'hôpital est surchargé, il y a vingt blessés pour un médecin. On m'a allongé sur un lit, et depuis j'attends les soins.

Embrasse tendrement les gosses et je t'embrasse.

Soldat Charles Guinant, brigadier, 58è régiment.

P.S. : J'ai reçu ton colis ce matin, cela m'a fait plaisir, surtout le pâté et la viande. Si tu peux m'en refaire, j'y goûterai avec plaisir.

(A)   Le soldat a été bien soigné.
(B)   Le soldat aimerait beaucoup recevoir un colis de pots de confiture.
(C)   Il y a une pénurie de médecins.
(D)   Le soldat est affamé.
(E)   Le soldat a été blessé d'un coup de baïonnette.

498. *Sur la lecture*, Marcel Proust

Il n'y a peut-être pas de jours de notre enfance que nous ayons si pleine-
ment vécus que ceux que nous avons cru laisser sans les vivre, ceux que
nous avons passés avec un livre préféré. [...]

    Qui ne se souvient comme moi de ces lectures faites au temps des
vacances, qu'on allait cacher successivement dans toutes celles des heures
du jour qui étaient assez paisibles et assez inviolables pour pouvoir leur
donner asile. Le matin, en rentrant du parc, quand tout le monde était
parti « faire une promenade », je me glissais dans la salle à manger où,
jusqu'à l'heure encore lointaine du déjeuner, personne n'entrerait que la
vieille Félicie relativement silencieuse, et où je n'aurais pour compagnons,
très respectueux de la lecture, que les assiettes peintes accrochées au mur,
le calendrier dont la feuille de la veille avait été fraîchement arrachée,
la pendule et le feu qui parlent sans demander qu'on leur réponde et dont
les doux propos vides de sens ne viennent pas, comme les paroles des
hommes, en substituer un différent à celui des mots que vous lisez.
Je m'installais sur une chaise, près du petit feu de bois, dont, pendant
le déjeuner, l'oncle matinal et jardinier dirait : « Il ne fait pas de mal !
On supporte très bien un petit feu ; je vous assure qu'à six heures il faisait
joliment froid dans le potager. Et dire que c'est dans huit jours Pâques ! »
Avant le déjeuner qui, hélas ! Mettrait fin à la lecture, on avait encore deux
grandes heures.

(A)   Félicie n'est pas entrée dans la salle à manger.
(B)   Le matin, le narrateur devait faire du jardinage avec toute la famille.
(C)   Le narrateur avait l'habitude de parler à la pendule.
(D)   La soupe était souvent froide.
(E)   La lecture est la passion du narrateur.

499. *Taximan*, Stanley Péan

J'ai déjà relaté ailleurs cette anecdote. Comme elle est quasiment aussi vieille que moi, on m'excusera à l'avance si le souvenir que j'en ai n'est pas absolument fidèle à la réalité dans les menus détails.

Novembre 1966 : fraîchement débarqué au Québec en provenance d'Haïti, mon père, le défunt Mèt Mo, fait la connaissance d'un Jonquiérois, un bonhomme tout ce qu'il y a de plus sympathique avec qui il converse un moment dans un autobus ou un train, plus moyen de vérifier. J'imagine sans peine les sujets abordés : la sempiternelle tragédie politique haïtienne, les rigueurs de l'hiver québécois, l'accent trop ou pas assez prononcé... Le baratin habituel, quoi !

Mèt Mo et l'homme se séparent sur une note amicale. Puis, étant donné les dimensions modestes de Jonquière, ils se croisent inévitablement quelques mois après, dans le taxi du monsieur. Reconnaissant en son exotique passager son compagnon de voyage, le chauffeur s'empresse de s'enquérir de la famille, de la nouvelle vie, etc., et demande à mon père s'il s'est trouvé du travail. Mèt Mo lui répond : oui, à l'école secondaire Guillaume-Tremblay. Ravi, le bonhomme lui demande si c'est comme cuisinier à la Cafétéria.

Hélas non, de rétorquer mon père, affectant un air déçu. J'aurais bien aimé, mais il n'y avait plus de poste disponible. J'ai dû me contenter d'un emploi de prof de français.

Avec l'aimable autorisation de *Mémoire d'encrier*.

(A)   Mèt Mo et le Jonquiérois se sont rencontrés dans un avion.
(B)   Le père de Stanley Péan enseigne le français.
(C)   Jonquière est une assez grande ville.
(D)   La politique et la météo étaient des sujets tabous.
(E)   Le père a trouvé un emploi de cuisinier à l'école Guillaume-Tremblay.

500. *La Ville Marguerite Yourcenar*

Située à Saint-Jans-Cappel, au cœur du parc départemental Marguerite Yourcenar, sur le site des monts de Flandres, la Villa Départementale Marguerite Yourcenar accueille, chaque année depuis 1997, une quinzaine d'écrivains européens. Le Centre Départemental de Résidence d'Ecrivains Européens constitue, avec les quatre musées départementaux et le forum Départemental des sciences, le fer de lance de la politique culturelle du Département du Nord. Alerté par Marguerite Yourcenar sur la vente de sa maison d'enfance, le Président du Conseil Général décide de l'acquérir afin d'en faire, dans un premier temps, une réserve écologique. Aujourd'hui, la Villa a pour mission d'accueillir des écrivains qui trouvent là, un lieu retiré et paisible pour écrire, mais aussi de faire découvrir leur œuvre au grand public en organisant diverses manifestations.

Les écrivains résidents acceptent de consacrer leur séjour à la Villa à l'achèvement d'un manuscrit. Ils s'engagent à faire figurer le nom de la structure sur l'ouvrage auquel ils auront travaillé pendant leur résidence, lors de sa publication. Les écrivains résidents, une fois durant leur séjour, rencontrent la presse et le grand public, à l'occasion d'une lecture de textes extraits de leur œuvre, par exemple. Dans une logique de pédagogie de la culture européenne, ils acceptent une fois par mois une rencontre avec un public scolaire et/ou universitaire ou autre, selon leur choix.

Voir le site officiel du Conseil Général du Nord.

(A) Marguerite Yourcenar voulait faire de sa maison d'enfance une réserve écologique.
(B) Les écrivains en résidence n'ont pas de contact avec l'extérieur.
(C) La Villa se trouve en Belgique.
(D) Le nom de la résidence doit figurer sur le livre achevé.
(E) La Villa Marguerite Yourcenar est une fondation privée.

ANSWERS

Chapter 1: The Right Word

1. (D) Since we're talking about archery, this is the only reasonable answer.

2. (A) The feminine singular article narrows our choice to the singular feminine nouns, *lecture* and *casserole*. Of the two, only "reading" qualifies as a hobby.

3. (E) Here, too, the masculine singular article enables us to automatically eliminate all the feminine nouns. Left with *parquet* and *spectacle*, we know that *parquet* cannot be the right answer.

4. (B) Knowing that the correct response must be feminine isn't very helpful, since we have to find the noun that makes sense. *Fièvre* is the only word here that can be followed by *de cheval* without sounding ridiculous. *Une fièvre de cheval* is an idiomatic expression meaning "a bad fever."

5. (C) Only meaning can guide us here, since the possessive adjective *nos* contains no information about gender. So what do people exchange on January first?

6. (A) One might be tempted to pick (C), but the gender of that noun would not agree with the feminine article. *Pelouse* makes sense, and the gender is right.

7. (E) The beach is usually a sunny place, so you need sunglasses.

8. (B) Here, since we are looking for the right way to say "bank account number," we must choose between three words that describe the concept of number in specific ways, depending on the context.

9. (D) Anything (a plant, too) can qualify as a birthday gift; in this particular context, we must look for a masculine noun.

10. (A) In this example, the gender of the indefinite article *une* is our best guide, since *valise* is the only feminine noun among the five proposed answers.

11. (C) With five infinitives to choose from, we must focus on meaning. Only (C) makes sense here, because the statement urges a person to acknowledge his/her mistakes.

12. (D) As in the previous item, common sense will be our best guide. From a purely grammatical point of view the remaining options could work, but the whole utterance would make no logical sense. Only (D) is a meaningful sentence.

13. (B) The contraction *aux* (*à* + *les*) prompts us to immediately eliminate verbs such as *tromper* (A), which are not followed by a preposition. Therefore, the sentence containing the verb *mentir*, requiring the preposition *à* before an indirect object noun, is the correct answer.

14. (E) While more than one of the proposed answers would yield a formally correct sentence, a grammatically correct sentence can still be meaningless (remember Noam Chomsky's famous example "Colorless green ideas sleep furiously"). Only (E) makes sense here, since it would be absurd to say that the museum was "forgotten" (B) thanks to the efforts of an Italian benefactor.

15. (A) After eliminating (C), which is spelled incorrectly, we need to select the only reasonable option—(A)—since the sentence is about noticing typos in a newspaper article.

16. (D) Adéline may have tossed out her television set the previous night (C), but it is more likely that she was too tired to watch TV.

17. (A) is the logical choice.

18. (C) Since we're obviously not looking for a reflexive verb, (B) and (D) can be eliminated. At this point it is obvious that Marine must complete her reading assignment, which leads us to the correct answer.

19. (B) What do university professors do? If the answer is "they teach," then (B) is the right choice.

20. (D) Once again, we should think of Chomsky's "colorless green ideas." The train is obviously late, so all we can do is wait for it (D).

21. (C) What makes sense? Since a flight does not "totally" or "everywhere" arrive at its destination, the captain's message should be completed by "almost" (C).

22. (E) While (A) wouldn't sound great, (B) and (D) would be impossible. (C) would be possible, but not at this place in the sentence or without a negative construction with *ne*. *ONU = Organisation des Nations Unies*.

23. (B) As the *imparfait* shows, this sentence tells us how things used to be, which means that an adverb that does not refer to the past is incorrect.

24. (A) An object is either in the house or outside, so the right answer must be (A).

25. (E) Since the sentence is about the present, an adverb pointing to a past event [(A) or (D)] makes no sense. The adverb used in (E) identifies it as the correct answer.

26. (D) A burning odor is generally unpleasant, which is why adjectives such as "delicious" are not appropriate. The correct adjective is found in (D).

27. (B) Since we are talking about a gentle dog, (A), (C), and (E) can be eliminated. The adjective in (D) does not have the correct gender.

28. (C) Since prohibitions limit a person's freedom of action, the logical choice is (C), which contains the adjective *libre*.

29. (C) Here, we need to find the adjective accurately describing an annoyed person's tone of voice, which is obviously neither *agréable* (A) nor *aimable* (E). When a French person wants to be curt, *sec* is the natural choice.

30. (A) In the universe of cheese, fat content is valuable information. Knowing that *matière* is feminine, we must find the feminine form of the adjective *gras*.

31. (E) Compound color adjectives (noun + adjective) remain in the masculine singular form in the plural. Here the adjective *clair* modifies the noun *bleu*.

32. (D) The compound color adjectives (noun + adjective) remain in the masculine singular form. Here the adjective *citron* modifies the noun *jaune*.

33. (B) Here, the first adjective, *haut*, functions as an adverb and is therefore invariable. Only the second adjective agrees with the verb.

34. (B) Compound nouns composed of a verb derivative and a noun remain in the masculine singular form.

35. (C) Again: when compound nouns are composed of a verb derivative and a noun, they remain in the masculine singular form.

36. (A) This is another example that proves the rule. What is the plural of compound nouns composed of a verb derivative and a noun? They remain in the masculine singular form.

37. (D) When a compound noun consisting of two nouns is in the plural, only the first noun gets the plural marker.

38. (E) *Tête-à-tête* is invariable. It is an exception.

39. (A) When a compound noun consisting of two nouns linked by a preposition is in the plural, only the first noun gets the plural marker.

40. (B) Compound nouns composed of a verb derivative and a noun remain in the masculine singular form.

41. (C) In this example, you must pay attention to article-noun agreement in gender. Only (C) is free of article-noun agreement errors.

42. (E) Like the item above, the proposed answers contain article-noun agreement errors (e.g., *le laboratoire* is correct; *la laboratoire* is not). In French the article, definite or indefinite, is a gender marker. The definite article *le* identifies the word *laboratoire* as a masculine noun.

43. (B) Here, we need to figure out which preposition goes with a particular place name. For example, because *Japon* is a masculine noun (*le Japon*), (A) is wrong, since the preposition *en* appears with feminine country names or with country names of either gender that start with a vowel sound. *Un sandal* is a traditional riverboat.

44. (D) Here again, we have to watch out for the gender trap. For example, although the word *couleur* is feminine, (B) is not the correct answer, because if I like the color blue, I have to say *le bleu*.

45. (C) This item is brimming with article-noun agreement problems: they appear in most of the answers, with the notable exception of (C).

46. (A) As this item shows, French gender is not easy to guess. One may be tempted to assign the feminine gender to a word such as *ange* (B), and certain writers have in fact done that, but standard French insists on the masculine gender of these heavenly messengers. However, don't rush to dismiss (A) simply because the word *lama* "sounds feminine."

47. (E) Here, too, the challenge is to identify examples of article-noun disagreement in gender. *Le mode* is correct in French but not when we're talking about fashion. *Spartiates* are flat-heeled sandals with many straps.

48. (B) One may be tempted to pick (E) because one can certainly say *le mort*. However, if the topic is not a "dead male person" but "death" in general, we must say *la mort*.

49. (D) Once again, we encounter the Janus-like word *mode*, which can assume either gender. (B) is obviously incorrect, since fashion will not teach us how to operate a new printer. *Une pyjama* may seem right, but it is not.

50. (A) What could be more masculine than "idol," American or otherwise? Nevertheless, (E) is not the answer we are looking for, since the French word *idole*, which comes from ancient Greek, retains its feminine gender.

Chapter 2: Time for Action

51. (D) In the present tense, verbs such as *lire* use the *-it* ending in the third-person singular.

52. (B) In order to say "it is raining" in French, we must use the third-person singular form of the verb *pleuvoir*, which is *pleut*.

53. (A) Are you hungry? The operative verb here is *avoir*, and the ending we need is the second-person singular.

54. (C) We construct the forms of the future tense, which appears in the correct answer, by adding the future endings to the infinitive: *je déménager-ai*, *il/elle déménager-a*, etc. This is a general rule, but there are exceptions.

55. (B) *Savoir* is a very important verb. Remember the difference in spelling between *je sais* (I know) and *il/elle sait* (he/she knows).

56. (E) Here we have an "easy" regular verb but with a slight twist. In French "to lie down" is an action requiring a reflexive verb. Therefore, one must say: *je me couche*.

57. (A) This is another "easy" verb you may need to use in the future tense: *j'exposer-ai*, *ils/elles exposer-ont*.

58. (C) In this example, *être*, one of the most important, if not the most important, French verbs, determines who is satisfied. While I may say *je suis satisfait*, my teacher certainly wouldn't be satisfied if I failed to ask my question in the polite form: *Êtes-vous satisfait?*

59. (B) Here is another reflexive verb belonging to the *-er* conjugation. In the present tense, the first and the third person have the same ending: *je m'annonce*, *il/elle s'annonce*.

60. (E) As in the item above, the third-person singular form in the present ends with *-e*.

61. (D) The verb *rendre* is a regular *-re* verb; drop the final *-e* from the infinitive, then add the future tense endings. *Un double-toit* is a "rain fly" or "fly sheet" for a tent.

62. (A) Since this an idiomatic reciprocal verb (auxiliary verb *être*), the past participle agrees with the subject, which explains why (A), not (C), is the correct answer.

63. (C) Here, we are looking for the third-person singular of the verb *avoir* in the present tense: *j'ai tort*; *Simon a tort*.

64. (D) The verb here is *devoir*, and we need to conjugate it in the present tense: *je dois*, *il/elle doit*.

65. (B) The verb *jouer* is conjugated like *parler*: *je joue, il/elle joue*.

66. (A) *S'appeler* is a reflexive verb. It is a spelling change verb, where the future tense is spelled with a double *-ll-* throughout: *je m'appellerai, il/elle s'appellera*. (The future endings are attached to an infinitive stem based on the irregular present tense forms *je m'appelle, il/elle s'appelle, ils/elles s'appellent*.)

67. (E) Often used as a model for the regular *-ir* conjugation, *finir* lets us use the general formula (adding the future endings to the infinitive) to construct the future tense.

68. (B) Since *partir* belongs to the "irregular" *-ir* verbs, like *sortir*, *servir*, and *mentir*, the present tense of *partir* is conjugated as follows: *je pars, tu pars, il/elle part, nous partons, vous partez, ils/elles partent*.

69. (A) In French when we "notice" something, we use the reflexive verb *s'apercevoir*. In the *passé composé*, it requires the auxiliary verb *être*, which must be inserted between the reflexive pronoun and the main verb. The correct answer also shows the correct spelling of the past participle.

70. (D) To complete this sentence, we need the third-person plural form of the verb *être* in the future tense. As this is a highly irregular verb, don't be surprised by its future stem: *ser-*: *je serai, il/elle sera*.

71. (C) The verb *faire* is irregular and has more than one stem; note its irregular future stem, *fer-*.

72. (D) Here we have a verb belonging to the *-er* conjugation; the correct third-person singular ending in the present will not surprise you. *Lotissements pavillonnaires* are "housing developments."

73. (A) Starting with *aur-*, the irregular future stem of the verb *avoir*, we need only to add the first-person plural ending (*-ons*).

74. (E) To construct the future tense of the verb *réussir*, a regular *-ir* verb, we add the future tense endings to the infinitive.

75. (B) *Espérer* is an *-er* verb that learners may find bothersome, due to its "unstable" *accent aigu*, which in some present-tense forms becomes an *accent grave*: *j'espère, il/elle espère, ils/elles espèrent*. See the correct third-person plural form here.

76. (C) In this example, the reflexive verb *se disputer* requires a third-person plural ending. Answer (B) is wrong because the negative particle (*ne*) must precede the reflexive pronoun.

77. (C) Because we are using the respectful *vous* form, the verb ending should be the second-person plural, the grammatical trademark of the polite form in French. For the verb *vouloir* (*je veux, il/elle veut*), use the normal second-person plural ending *-ez*.

78. (A) This example requires the third-person plural form of the verb *être*: *sont*.

79. (B) Since *traverser* is a regular *-er* verb, the infinitive is used to construct the future tense; here it needs the third-person plural ending.

80. (D) Once again, *savoir*, a true VIP in the world of verbs, makes an appearance in the present tense: *je sais, il/elle sait*.

81. (E) It is very important not to confuse the verb *exclure* with regular *-er* verbs. Despite a deceptive phonetic similarity, the two groups of verbs are spelled quite differently: *je parle, il/elle parle*, but *j'exclus, il/elle exclut*.

82. (A) The verb *pouvoir* has several stems, which can be challenging when tenses need to be constructed. In the present, it behaves like *vouloir*: *je veux, il/elle veut*; *je peux, il/elle peut*.

83. (B) Here, we need a third-person singular verb ending for the future. The verb in question is *être*. Does the stem *ser-* ring a bell?

84. (C) The verb *ausculter* might seem arcane, only found in medieval medical treatises, but it is an everyday medical term, a regular *-er* conjugation verb: *j'ausculte, il/elle ausculte*.

85. (A) The correct form is the third-person singular of the very important verb *devoir*. The present tense stem is *doi-* (*je dois, il/elle doit*). Of course, "we must" (*nous devons*) learn all its stems.

86. (D) This is another easy future tense form: the verb *participer* belongs to the regular *-er* group; add the appropriate ending to the infinitive.

87. (E) The verb *parler* is easy, but here it appears as a reciprocal verb (slight complication) in a negative statement (word-order alert!). Don't forget that the negative particle (*ne*) precedes the reflexive pronoun.

88. (C) Remember that *détruire* (*conduire* and *traduire* are in the same group of irregular verbs) is not a regular *-ir* verb (*finir, réussir*). In the present tense, plural endings are added to the stem *détruis-*.

89. (A) The verb *être* in the present should be familiar to you: *je suis, il/elle est*.

90. (B) An *-er* verb, *envoyer* is a bit quirky, mainly because it changes stems in the present tense: *j'envoie, il/elle envoie*, but *nous envoyons*. We observe a similar switch in the present tense forms of the verb *voir*, which is not in the regular *-er* group.

91. (E) *Publier* is an easy verb, hailing from the peaceable kingdom of *-er* conjugations. Future tense endings are added to the infinitive.

92. (D) The indispensable verb *avoir* must be thoroughly mastered: *j'ai, tu as, il/elle a / nous avons, vous avez, ils/elles ont.*

93. (B) This impersonal construction, where the verb *faire* becomes a reflexive (always in the third-person singular), figures prominently in stern messages to the uncouth.

94. (C) We know that important verbs have multiple stems. The *veu-* stem works for four forms of the present tense of *vouloir*, while the future tense seems dangerously addicted to the *voudr-* stem. The Batofar is a trendy restaurant and nightclub on the Seine.

95. (C) Turn off the light! *Éteindre* is hardly an easy verb! Predictably, it has more than one stem. Remember that the present tense uses the *étein-* stem for the singular forms (*j'éteins, tu éteins, il/elle éteint*), while the plural endings remain faithful to the *éteign-* stem: *nous éteignons, vous éteignez, ils/elles éteignent.*

96. (A) *Devoir* is back! Don't be fooled by the deceptively easy singular forms in the present: *je dois, il/elle doit*. The plural is ruled by a different stem: *nous devons, vous devez*. Do verb stems have a life of their own? This somewhat unsettling idea seems to be corroborated by the fact that the present tense third-person plural of the verb *devoir* has its own stem: *doiv-!*

97. (D) The verb *surprendre*, like *prendre*, has several stems. We are looking for the future tense stem, which is *surprendr-*.

98. (A) *Pouvoir* is one of those versatile verbs used in many common and idiomatic constructions. The present tense forms are quite familiar: *je peux, il/elle peut.*

99. (E) We may not all be early risers, and some of us are experts in the French art of *la grasse matinée* ("sleeping in"), but no one can afford to ignore the reflexive verb *se lever*. Don't forget to include the *accent grave* in four forms of the present tense: *il faut se lever*, but *je me lève, tu te lèves, il/elle se lève, ils/elles se lèvent.*

100. (B) In the world of verbs, *valoir* is worthy of our attention and respect. If we don't pay attention, we won't learn that *vaudr-* is its future stem.

Chapter 3: What Was and What Will Be

101. (B) The right answer is *a sonné*. The *passé composé* describes an action interrupting a continuous action, expressed by the *imparfait*.

102. (A) The right answer is *aura élaboré*. The *futur antérieur* describes an action that will be completed before another future action.

103. (E) The correct auxiliary is *avoir*. *Traverser* is a transitive verb followed by a direct object, *les Alpes*. The past participle does not agree in gender and number with the subject when the auxiliary verb is *avoir*.

104. (B) The *imparfait* describes a past continuous action.

105. (C) The *passé simple* of *éteindre* is irregular. The stem *éteign-* also appears in other tenses.

106. (A) When it is preceded by the preposition *à*, the infinitive denotes a continuous action. Don't use the French present participle (*-ant*) in this type of sentence, which expresses the same idea as a gerund (with "-ing") would in English.

107. (D) The correct answer is the present participle *étant*. Here it introduces a dependent clause in a causal sentence.

108. (E) *Poser* is a transitive verb followed by a direct object *les* (*mes*) *clés*. The past participle *posées* agrees in gender and number with the direct object pronoun when it (*les*) precedes the auxiliary.

109. (A) The *plus-que-parfait* (pluperfect) reports events completed before another past event took place. The correct auxiliary verb is *avoir*; *manger* is a transitive verb followed by a direct object, *des huîtres*.

110. (C) *Commander* is a transitive verb followed by a direct object (*soufflé*). The past participle does not agree with the subject when the auxiliary is *avoir* and the direct object follows the verb.

111. (B) In the imperative, *-er* verbs drop the *-s* of the *tu* form.

112. (E) All pronominal verbs are conjugated with *être*. *S'envoyer* is a reciprocal verb that takes an indirect object (*envoyer à*). Thus the past participle does not agree with the subject.

113. (C) When it is preceded by the preposition *à*, the infinitive denotes a continuous action. Don't use the French present participle (*-ant*) in this type of sentence, which expresses the same idea as a gerund (with "-ing") would in English.

114. (D) In this case, the verb in the *passé composé* (*j'ai lu*) denotes a specific action that occurred during a time period described by the *imparfait*.

115. (C) *En* + present participle is called a *gérondif* (gerund). It describes the relationship between two actions and also expresses how to make something happen.

116. (A) The correct answer is *venions*. In the construction *venir de* + *infinitif*, which describes a recently completed action, the verb *venir* must be in the *imparfait* when the subsequent action is expressed by a past tense.

117. (B) In this sentence, the *passé composé* indicates an action completed in the past during a given period.

118. (E) *Croiser* is a transitive verb that links the direct object *l'* (*Carole*). The past participle *croisée* agrees in gender and number with the direct object pronoun when it precedes the auxiliary.

119. (A) *Faire* + infinitive expresses the idea of causing something to happen. This is called a causative form.

120. (D) *Savoir* is a transitive verb followed by a direct object and is used with the auxiliary *avoir*. The *passé composé* here expresses a sudden realization.

121. (B) The *passé simple* of *pleuvoir* is irregular. Do not mistake it for the third-person singular of *plaire* (to please) in the *passé simple*, whose form is identical.

122. (C) Here, *descendre* is a transitive verb followed by a direct object noun, *tous les vieux jouets*. The correct form of the past participle is *descendu*.

123. (E) *En* + present participle is called a *gérondif* (gerund). It describes the relationship between two actions and also expresses how to make something happen. *Le Viaduc de Millau*, opened in 2004, spans the valley of the River Tarn in southern France.

124. (B) *Partir* is an intransitive verb of movement. Such verbs are conjugated with *être* in the *passé composé*, and their past participles agree in gender and number with the subject.

125. (D) When it is preceded by the preposition *à*, the infinitive denotes a continuous action. Don't use the French present participle (*-ant*) in this type of sentence, which expresses the same idea as a gerund (with "-ing") would in English.

126. (A) Reflexive verbs are conjugated with *être*. *Se réveiller* is a reflexive (pronominal) verb where the reflexive pronoun is a direct object; thus the past participle agrees with the subject. *Les Gorges du Verdon* or *Grand Canyon du Verdon* is located in southeastern France (Alpes-de-Haute-Provence).

127. (B) Reflexive verbs are conjugated with *être*. The past participle does not agree with the subject if the verb is followed by a direct object (*une dent*). In this case, the reflexive pronoun (*te/t'*) is an indirect object (*une dent* is the direct object).

128. (E) *Passer* is an intransitive verb of movement. Such verbs are conjugated with *être* in the *passé composé*. Their past participles agree in gender and number with the subject.

129. (C) *Descendre* is a transitive verb of movement without a direct object, so the auxiliary is *être*. This past participle is *descendue*, since it agrees with the subject (*Sylvia*).

130. (A) The *infinitif passé* follows the preposition *après* (after) to mark anteriority. It is made up of the infinitive *avoir* or *être* plus the past participle of the main verb. This example uses the past tense of a reflexive verb (with *être*). (The past participle will not agree with the subject when the auxiliary is *avoir*.)

131. (E) Here, the *imparfait* form *égrenait* describes a repeating, continuous past action.

132. (D) The *imparfait* describes a continuous action in the past.

133. (A) *En* + present participle (*-ant*) is called a *gérondif* (gerund). When *tout en* precedes the gerund, it underscores a contradiction between two actions.

134. (B) The correct tense here is the *passé composé*. *Oublier* is a transitive verb with a direct object, *les* (replacing *les framboises*). Thus, the past participle *oubliées* agrees in gender and number with the direct object pronoun placed before the auxiliary.

135. (D) The infinitive follows expressions of position (*est assise*) with the preposition *à*. Don't confuse this construction with the present participle equivalent (using "-ing") in English.

136. (C) *Attendre* is a transitive verb (no preposition) whose direct object is implied (*le bus*). The past participle does not agree with the subject when the auxiliary is *avoir*.

137. (B) The *imparfait* describes a past situation or description.

138. (A) In the imperative, *-er* verbs drop the *-s* of the *tu* form.

139. (E) *Recevoir* is a transitive verb followed by a direct object noun, *jolis bouquets*. The past participle is *reçu*. The past participle does not agree with the subject when the auxiliary is *avoir*.

140. (D) The *passé simple* of regular *-er* verbs like *parler* is formed by adding the endings *-ai*, *-as*, *-a*, *-âmes*, *-âtes*, *-èrent* to the infinitive stem *parl-*.

141. (C) When it is preceded by the preposition *à*, the infinitive denotes a continuous action. Don't use the French present participle (*-ant*) in this type of sentence, which expresses the same idea as a gerund (with "-ing") would in English.

142. (B) The *plus-que-parfait* (pluperfect) reports events completed before another past event took place. The correct auxiliary is *avoir*, because *rencontrer* is a transitive verb immediately followed by the direct object *Youssef*.

143. (A) The right answer is *aura reçu*, because the *futur antérieur* describes a future action that will be completed before another future action.

144. (C) The expression *sur un coup de tête* indicates an unexpected action expressed in the past by the *passé simple*.

145. (E) The infinitive always follows French verbs of perception (*entendions*). In English verbs of perception are followed by a present participle (with "ing") (a gerund).

146. (B) *Souffrir* is an intransitive verb used with *avoir*. It has an irregular past participle (*souffert*).

147. (C) The *imparfait* is used here to describe a past continuous or repeating action.

148. (E) The verb *vouloir* has an irregular imperative. The imperative form for *vous* (*veuillez*) is the only one used in modern French.

149. (A) The *imparfait* describes a past situation. The verb is in the passive voice.

150. (D) The temporal expression *Tous les ans*, as well as the phrase *gala annuel*, indicate repeated past actions, expressed by the *imparfait*.

151. (A) The verb *avoir* is irregular in the *passé simple*. Do not mistake this form for the past participle of *avoir* (*eu*), as the spelling is similar.

152. (B) The infinitive, preceded by the proposition *à*, follows verbal expressions that express "spending time." Don't use a French present participle here or confuse it with the English present participle ("-ing").

153. (E) The *passé composé* denotes a single action completed in the past. *Perdre* is a transitive verb followed by the direct object, *tes lunettes*. The past participle does not agree with the subject when the auxiliary is *avoir*.

154. (C) The right answer is the present participle *ayant* (here, *N'ayant*), which introduces the dependent clause in a causal sentence.

155. (A) In this sentence, the *passé composé* indicates an action completed in the past within a specific time frame.

156. (E) The right answer is *fut*; the *passé simple* denotes a specific action in the past. The verb *être* is irregular in the *passé simple*.

157. (B) The right answer is *aura terminé* because the *futur antérieur* is also used in an indirect question (*Je me demande si...*) to introduce the idea of an action to be completed in the future.

158. (D) *Un jour* indicates an unusual (one-time) situation, expressed in the past by the *passé simple*. *Manquer* is a regular *-er* verb.

159. (B) The use of *tout de suite* indicates an unexpected situation, expressed in the past by the *passé simple*. The *passé simple* of *reconnaître* is irregular. Do not mistake it for its past participle *reconnu*, as the spelling is similar.

160. (A) When it follows *si*, the *plus-que-parfait* expresses an unfulfilled wish or regret about past events. *Cœur de pirate* is the stage name of Béatrice Martin (born 1989), a Québécoise singer-songwriter.

161. (C) The *imparfait* describes a past state of affairs.

162. (A) The right answer is the present participle *étant*, which introduces the dependent clause in a causal sentence. *Nous* comes before the present participle because *se promener* is a pronominal verb.

163. (D) The right answer is *s'est senti*, because the *passé composé* describes a sudden action or event that interrupts a continuous action, expressed here by the *imparfait*.

164. (B) The infinitive follows French verbs of perception (*a vu*). In English this sentence would use a present participle (with "-ing").

165. (E) The *passé composé* refers to a single action completed in the past. In this sentence, *retourner* is a transitive verb followed by a direct object noun, *la crêpe*, and therefore requires the auxiliary *avoir*.

166. (E) The *passé simple* of *venir* is irregular.

167. (A) The present participle *Ayant* introduces the dependent clause of a temporal sentence.

168. (C) The *passé composé* refers to a single action completed in the past. Here, *retourner* is a transitive verb without a direct object, so the auxiliary is *être*, and the past participle agrees with the subject.

169. (B) The *infinitif passé* follows the preposition *après* (after) to mark anteriority. It is formed with the infinitive *avoir* or *être* plus the past participle of the main verb. The past participle does not agree with the subject when the auxiliary is *avoir*.

170. (D) The *passé simple* describes a one-time event or development in the past.

171. (D) The slightly sarcastic phrase *ces fameux* indicates that something unusual took place, which explains the *passé simple*.

172. (E) The verb *savoir* has an irregular imperative, *sachez*.

173. (C) The *passé composé* describes a single action completed in the past. Reflexive verbs are conjugated with *être*. The past participle does not agree with the subject when the verb is followed by a direct object noun (*les cheveux*). The reflexive pronoun (*te/t'*) in this sentence is an indirect object pronoun.

174. (B) The correct answer is *venait*. In the construction *venir de* + *infinitif*, which describes a recently completed action, the verb *venir* must be in the *imparfait* when the subsequent action is in the *passé composé*.

175. (A) The *imparfait* describes a continuous state of affairs in the past.

Chapter 4: I Demand That You Have Fun!

176. (B) The correct form here is the present subjunctive in the third-person singular. The present subjunctive endings, added to a stem obtained by removing the ending (*-ent*) of the third-person plural present indicative, are: *-e, -es, -e / -ions, -iez, -ent*. Therefore, the correct ending is *-e*, since the subject of the subordinate clause is in the third-person singular. *Pouvoir*, along with a number of other verbs, has an irregular subjunctive stem. In this sentence, the subjunctive follows a verb expressing doubt.

177. (A) The present subjunctive follows indefinite expressions such as *quelles que* meaning "whatever." It indicates concession and is spelled in two words, *quel que* (masculine singular), when it precedes a verb. It agrees in gender and number with the subject (here, *les sources*). It should not be confused with *quelque*, meaning "some" in English.

178. (C) In this sentence, the correct form is the present indicative *sont*. Arnaud has proof of his friends' guilt, so the mood can't be subjunctive here, in spite of the negation.

179. (E) Here, the present subjunctive follows a verb expressing concern. Since the subject of the subordinate clause is in the third-person plural, the ending is *-ent*. The verb *faire*, like *pouvoir*, has an irregular subjunctive stem. This sentence also includes the *ne* expletive. This use of *ne* is not a negation; it sometimes appears in sentences expressing apprehension or concern.

180. (A) In this sentence, the past subjunctive follows expressions of emotion. The action of the dependent clause is anterior to the action of the main clause. To form this subjunctive, we take the present subjunctive of the auxiliary, in this case *être*, plus the past participle of the main verb. Since the subject of the subordinate clause is in the feminine third-person plural, the correct form is *se soient souvenues*.

181. (D) The impersonal expression *il faut que* is followed by the subjunctive. The stem of *rendre* is *rend-*. The subject of the subordinate clause is in the third-person singular, so the correct ending is *-e*.

182. (B) The subject of the subordinate clause is in the first-person singular, thus *-e* is the correct ending. The verb *reprendre*, conjugated like *prendre*, has an irregular subjunctive stem. In this sentence, the subjunctive follows a verb expressing a suggestion.

183. (A) Here, *quelque* indicates concession (meaning "however") and is followed by a verb in the subjunctive. Preceding a singular adjective, *quelque* is an invariable adverb and should not be confused with its homonym *quelque*, which means "some" in English.

184. (C) Here, the present subjunctive follows an impersonal verb expressing necessity. Since the subject of the subordinate clause is in the third-person singular, the subjunctive ending is *-e*. The verb *finir*, like other regular *-ir* verbs, has a subjunctive stem with *-iss-*.

185. (A) In this sentence, the verb in the main clause preceding the subjunctive expresses an emotion. Here we have the third-person singular of *être*, which also has irregular subjunctive stems and endings.

186. (E) Here, we need a past subjunctive, formed by adding the past participle to the subjunctive of the auxiliary. Since the verb *parler* takes the auxiliary *avoir*, the correct form is *ait parlé*; *ait* is the third-person singular of *avoir* in the present subjunctive. Like *être*, *avoir* has irregular subjunctive stems and endings.

187. (D) The present subjunctive follows indefinite expressions such as *quelles que*, meaning "whatever." This expression indicates concession and is spelled as two words, *quel que*, when it precedes a verb. It agrees in gender and number with the subject (*ses manies*).

188. (C) In formal French, the imperfect subjunctive may follow a main clause in the past tense. Form the imperfect subjunctive by adding the endings *-se*, *-ses*, *-ât / -sions*, *-siez*, *-sent* to the stem. Thus the correct verb form is *chantât*.

189. (C) In this sentence, the past subjunctive with the verb *être* follows an expression of regret.

190. (A) In this sentence, the subjunctive follows a verb expressing an order. *UE = Union Européenne.*

191. (D) The present subjunctive follows indefinite expressions such as *quel que*, meaning "whatever."

192. (B) In this sentence, the correct answer is the present subjunctive *tienne*. The verb *penser* in the negative is followed by the subjunctive.

193. (E) In this sentence, the present subjunctive follows a verbal expression of apprehension.

194. (C) In this sentence, the past subjunctive with the verb *avoir* follows a statement expressing an emotion. The emotion concerns a past event.

195. (B) The impersonal expression *il est indispensable que* is followed by the subjunctive.

196. (A) The present subjunctive follows indefinite expressions such as *quels que*, meaning "whatever." It agrees in gender and number with the subject (*les risques*).

197. (D) In this sentence, the correct form is the *subjonctif présent, soit*. In an interrogative sentence, *croire* is followed by a verb in the subjunctive.

198. (C) Here, the subjunctive follows a verb expressing a feeling.

199. (C) Here, the past subjunctive follows a verb that expresses a possibility. The auxiliary verb is *avoir*.

200. (A) When the main clause is in the past, the dependent clause can be either in the present subjunctive (*redevienne*) or, in more formal or literary French, in the *subjonctif imparfait*. In this sentence, the subjunctive follows a verb expressing a wish.

201. (E) In this negative sentence, the correct form is the present subjunctive *vaille*. The negative of *croire* is followed by the subjunctive.

202. (C) Indefinite expressions, such as *quel que, quelle que, quels que*, or *quelles que*, meaning "whatever," must be followed by the present subjunctive. Remember that in this expression the two words are always written separately, because *quel que* and *quelque* (some) do not have the same meaning. *Une bergerie* is a "sheep barn."

203. (B) In this sentence, the past subjunctive with *avoir* follows an expression of regret.

204. (D) In this sentence, the present subjunctive follows a verb expressing an emotion.

205. (A) In this affirmative sentence, the correct form is the present indicative *a*. The verb *penser* in the affirmative is followed by the indicative.

206. (E) Here, the present subjunctive follows an expression of emotion.

207. (E) Here, *quelque* indicates concession (meaning "however") and is followed by the subjunctive. Preceding a singular adjective, *quelque* is an invariable adverb and should not be confused with its homonym *quelque*, meaning "some" in English.

208. (C) The correct answer is the present subjunctive, which follows a verb that expresses will.

209. (B) Certain conjunctions that end in *que*, such as *afin que* (in order that), are followed by the subjunctive.

210. (D) Here, the present subjunctive follows a verb expressing regret.

211. (B) In this interrogative sentence, the correct form is the present subjunctive *ait*. The verb *penser* in the interrogative is followed by the subjunctive.

212. (E) In this sentence, the subjunctive follows a verb expressing a prohibition.

213. (A) The correct answer is a past subjunctive following a verb that expresses an emotion. The auxiliary verb is *avoir*. The *prix Femina* is a French literary prize created in 1904; it is awarded each November by an exclusively female jury, although the authors of the winning works do not have to be women.

214. (A) The present subjunctive follows indefinite expressions such as *qui que*, meaning "whoever."

215. (C) In this negative sentence, the correct answer is the present subjunctive *puisse*. The negative of *croire* is followed by the subjunctive.

216. (D) The present subjunctive follows indefinite expressions such as *où que*, meaning "wherever."

217. (B) The correct answer is the present indicative *pouvons*. Whether Tristan likes it or not, the room's size cannot be changed.

218. (C) Here, the impersonal expression *il se pourrait que* expresses a possibility. *Cheminots* are "railway workers."

219. (A) Here, *quelque* indicates concession (meaning "however") and is followed by a verb in the subjunctive. Preceding a singular adjective, *quelque* is an invariable adverb.

220. (E) In this sentence, the present subjunctive follows a verb expressing a wish. L'Île de Sein is a tiny island off the coast of Finistère in Brittany. It is called the "Island of Heroes," as virtually all the men took their boats from there to join General de Gaulle in England in 1940.

221. (B) In this sentence, the past subjunctive follows a verb expressing doubt about something that may have happened in the past but probably did not. To form the past subjunctive, add the past participle of the main verb to the imperfect subjunctive of the auxiliary, in this case *avoir*. Since the subject of the subordinate clause is in the third-person singular, the correct form in formal or literary French is *eût jamais fini*. (The dependent clause can be either in the *subjonctif passé* [*ait jamais fini*] or in the *subjonctif plus-que-parfait* [*eût jamais fini*].)

222. (D) In this sentence, the present subjunctive follows a verb expressing regret.

223. (A) In this sentence, the correct form is the present subjunctive *soit*. The verb *admettre* (to accept) is followed by the subjunctive.

224. (E) In this sentence, the present subjunctive follows a verb expressing doubt.

225. (C) The present subjunctive follows indefinite expressions such as *quelle que*, meaning "whatever." The first word of this expression agrees in gender and number with the subject (*la destination*).

Chapter 5: If I Were in Charge . . .

226. (D) The *conditionnel* is used when a condition is implied. Whenever the main clause is in the *conditionnel présent* (*porterait*), the *si* clause is in the *imparfait* (*allait*). To form the present conditional, add the imperfect tense endings to the verb infinitive or the irregular future stem. In the third-person singular, the ending is *-ait*.

227. (A) The *conditionnel passé* expresses what would have happened if another event had taken place or if certain conditions had not been met. To form this tense, use the present conditional of *être* or *avoir* (*aurait*) plus the past participle of the main verb (*été*). The *si* clause is in the *plus-que-parfait* (*avait passé*) when the main clause is in the *conditionnel passé*. The past participle agrees in gender and number with the subject when the auxiliary is *être*.

228. (E) The main clause has a present conditional in the first-person singular; the ending is *-ais*.

229. (C) This verb is in the *conditionnel passé*, formed by combining the present conditional of *avoir* with the past participle: *j'aurais perdu, il/elle aurait perdu*. The *plus-que-parfait* follows the conjunction *si*.

230. (C) The correct answer is the *conditionnel présent*, formed by adding the *imparfait* endings to the future stem.

231. (B) This is a past conditional with a second-person plural ending, *-iez*. The past participle does not agree with the subject when the auxiliary is *avoir*.

232. (D) The right answer is in the *conditionnel passé*. The past participle *prévenus* agrees with the direct object pronoun when it is placed before the auxiliary.

233. (A) This is a past conditional with a first-person plural ending, *-ions*. The past participle does not agree with the subject when the auxiliary is *avoir*.

234. (B) This is a *conditionnel présent*, used here to describe a probable future action.

235. (E) This is a *conditionnel passé*, used here to describe an action that, under certain conditions, could have happened in the past.

236. (C) This is a present conditional in the second-person singular; the ending is *-ais*. *Un ciré* (offshore jacket) is a weatherproof jacket, designed for boating.

237. (D) This is a *conditionnel passé*, which here suggests the hypothetical consequences of an imagined past event.

238. (E) This is an exception. The hypothesis (*si*-clause) is in the past perfect (*plus-que-parfait*). Since the consequences would take place in the present, the main clause is in the present conditional (*écrirait-il*).

239. (D) This *conditionnel présent* is used to describe an action that would occur under the right conditions.

240. (A) Here we have a present conditional. We need a third-person plural ending, which is *-aient*.

241. (B) The right answer is in the present conditional, with the *si*-clause in the *imparfait*. The sentence posits the condition that would make a future action possible.

242. (E) Here, the verb *dépenser* is in the past conditional; it imagines a scenario that would have played out if the conditions had been right. The *si*-clause is in the *plus-que-parfait*. Le Corbusier (1887–1965) was a celebrated architect and designer.

243. (C) As in the previous item, the *conditionnel passé*, with the *si*-clause in the *plus-que-parfait*, conveys the idea of an alternative past.

244. (B) Here we have a present conditional that expresses a contrary-to-fact situation.

245. (D) This *conditionnel présent* explains a contrary-to-fact situation.

246. (A) The correct answer is the past conditional, with the *plus-que-parfait* in the *si*-clause. The past participle agrees with the subject when the auxiliary verb is *être*.

247. (A) The *conditionnel passé* expresses a reproach. Here "should have" means "ought to have."

248. (C) This sentence is in the present and expresses an actual—not a hypothetical—situation. The correct sequence of tenses is as follows: *si*-clause plus present tense and main clause in the future tense. Les Cevennes, part of the Massif Central, are a mountain range in south-central France.

249. (E) Here, the *conditionnel présent* gives advice.

250. (D) This sentence expresses a hypothetical situation and a suggestion.

251. (A) This *conditionnel passé* expresses an opinion about someone else's past behavior. "Should not have" means "ought not have."

252. (E) Here, the *conditionnel présent* expresses an expectation (not a certainty).

253. (B) The *conditionnel passé* expresses a regret that someone did or did not do something in the past. Émile Gallé (1846–1904) was a French glass artist, considered one of the major forces in the Art Nouveau movement. His glasswork, mainly made by acid etching, was quite elaborate. Nature inspired his designs, which were mostly floral, some with a strong Japanese feeling.

254. (C) This is another example of the "reproachful" past conditional.

255. (E) Here, the *conditionnel présent* offers a suggestion.

256. (D) Once again, the *conditionnel passé* is in a reproachful "she should have" mood.

257. (A) Here, the *conditionnel présent* advises someone who should know better.

258. (D) In this sentence, "could" refers to a past state of affairs and is translated by the *imparfait*.

259. (C) Here, "could" expresses a polite request and is translated by the *conditionnel présent*.

260. (A) Here, the *passé composé* of *pouvoir* is used because "could" refers to a single action in the past.

261. (B) Here, the verb *devoir* in the *imparfait*, followed by the "reality" in the *passé composé*, describes an action that was supposed to happen but did not—for a specific reason.

262. (E) Here, English "could" expresses a polite request and is translated by the *conditionnel présent*.

263. (E) The *conditionnel présent* follows the expression *au cas où*, meaning "in case." It expresses a hypothetical situation.

264. (E) In this sentence, English "would" refers to a past state of affairs and is translated by the *imparfait* in French.

265. (C) The *passé composé* of *refuser* indicates a specific action in the past.

266. (A) Here, the present conditional makes a polite request.

267. (B) As in the item above, the present conditional extends an invitation phrased as a polite request.

268. (A) In this sentence, English "would" refers to a repeated action in the past and is translated by the *imparfait* in French.

269. (D) Here, the present conditional makes a request sound as polite as possible.

270. (E) The past conditional creates a somewhat vague description of a past event. The Spanish flu of 1918 is a fact of history, but historians are not sure how many people died. The auxiliary *avoir*, associated with a subject in the third-person singular, has an *-ait* ending.

271. (B) The *conditionnel présent* appears in unconfirmed statements regarding future plans. Known as the *conditionnel journalistique*, it is frequently used by the press.

272. (D) In this example, the *conditionnel journalistique* might provide a grammatical alibi for a journalist who may have forgotten to check facts about the president's upcoming trip.

273. (C) The *conditionnel passé* also reports past events that still require official confirmation.

274. (A) The *conditionnel présent* is used for unconfirmed declarations.

275. (C) The *conditionnel passé* also reports past events that still require official confirmation.

Chapter 6: I'll Have One of Those

276. (B) A complex sentence consists of two clauses: the main (or independent) clause can stand on its own, while the subordinate (or dependent) clause is not a meaningful utterance. When two clauses are linked by a relative pronoun, the subordinate clause is called "relative." A relative pronoun can perform different functions in a sentence: it can be a subject, a direct object, or the object of a preposition. The verb following *qui* (who, that, which) agrees with the noun or the pronoun that *qui* replaces. Here, *qui* replaces the object of the main clause (*eux*).

277. (A) The dependent clause already has a subject (*sa tante*), so the relative pronoun *que* (that) functions as the direct object.

278. (D) *Qui* (that) replaces the subject of the main clause.

279. (E) The dependent clause already has a subject (*je*), so the relative pronoun is *que* (whom). Maurice Béjart (1927–2007) was a French dancer, choreographer, and opera director who founded major dance companies in several countries.

280. (A) The dependent clause already has a subject (*tu*), so the relative pronoun is *que* (that).

281. (B) Here, *qui* is the subject of the dependent clause. It refers to a thing (*le buffet*) and means "that."

282. (C) The dependent clause already has a subject (*elle*), so the relative pronoun is *que*. The *-e* in *que* is dropped: *qu'elle*.

283. (A) In this sentence *qui* is the object of the verb in the dependent clause. It refers to a person, not to a thing. In this case, a subject noun or pronoun must come between *qui* and the verb of the dependent clause (*qui ils choisiront*). Remember that the *-i* in *qui* is never dropped.

284. (D) Here, *qui* replaces the object of the main clause and serves as the subject of the dependent clause.

285. (B) The dependent clause already has a subject (*nous*), so the relative pronoun is *que*.

286. (E) *Avec laquelle* refers to a specific thing, *la compagnie*, and means "with which." Relative pronouns following a preposition agree with the noun they replace.

287. (D) The verb *jouer* is followed by the preposition *de*, which is subsumed by the relative pronoun *dont*. The relative pronoun acts as an object of the main clause.

288. (C) The verb *penser* is followed by the preposition *à*. *Auquel* is the contraction of *"à lequel"* and means "that"—"The fruit (that) Rosalie is thinking about . . ."

289. (A) *Laquelle* refers to a specific concept: *la raison*.

290. (E) *Lesquelles* refers to a specific object: *mes lunettes*. This noun, like "glasses" in English, does not have a singular form.

291. (D) Here, *lesquels* refers to specific persons.

292. (D) Here, *dont* indicates possession. We are talking about his songs.

293. (E) *Laquelle* refers to a specific entity.

294. (B) *Laquelle* refers to a specific object.

295. (D) *Lesquels* refers to specific persons. *Qui* cannot follow the preposition *parmi* (among); one never says: *"parmi qui."*

296. (C) Here, the relative pronoun represents the indefinite antecedent *Ce*. The term "antecedent" denotes a concept represented by a relative pronoun. The relative clause already has a subject (*il*), so the relative pronoun is *Ce qu'*.

297. (C) *Où* refers to a place: *le quartier*. Here, *où* may be replaced by *dans lequel*.

298. (A) In this type of construction, the antecedent *ce* is combined with the relative pronoun. *Ce qui* functions as the subject of the dependent clause.

299. (E) The expression *vanter le talent* is followed by the preposition *de*, which is subsumed by the relative pronoun *dont*.

300. (B) *Lesquelles* refers to specific entities.

301. (A) *Qui* replaces the subject of the main clause and serves as the subject of the dependent clause.

302. (D) The antecedent *ce* is combined with the pronoun *dont*. *Ce dont* is used because *discuter* already has a subject (*nous*) and takes the preposition *de*.

303. (B) The antecedent *ce* is combined with the relative pronoun. *Ce que* is the direct object of the dependent clause. The *-e* of *que* is dropped: *ce qu'il*.

304. (C) *Où* refers to a place: *le bâtiment*. Remember that *où* may be replaced by *dans lequel*.

305. (A) The antecedent *ce* is combined with the relative pronoun *qui*. *Ce qui* is the subject of the dependent clause.

306. (C) The verb *songer* is followed by the preposition *à*. *Auxquels* is the contraction of "*à lesquels*."

307. (E) The antecedent *ce* is combined with the relative pronoun *dont*. *Ce dont* is used because *avoir envie* takes the preposition *de*.

308. (D) *Vouloir* is followed by a subordinate clause introduced by the conjunction *que*. The verb in the subordinate clause is in the present subjunctive.

309. (B) The verb *parler* is followed by the preposition *de*, which is subsumed by the relative pronoun *dont*.

310. (B) The antecedent *ce* is combined with the relative pronoun *que*. *Ce que* is the direct object of the dependent clause.

311. (A) *Où* refers to a time: *l'année*.

312. (E) The antecedent *ce* is combined with the pronoun *à quoi*. *Ce à quoi* is used because *servir* takes the preposition *à*.

313. (B) *Qui* replaces the object of the main clause and serves as the subject of the dependent clause.

314. (C) The antecedent *ce* is combined with the pronoun *que*. *Ce que* is the direct object of the dependent clause. The *-e* in *que* is dropped: *ce qu'il*.

315. (A) *Où* refers to a place, *la page*.

316. (E) The antecedent *ce* is combined with the relative pronoun *qui*. *Ce qui* is the subject of the dependent clause.

317. (D) When both a direct and an indirect object pronoun in the third-person appear in a sentence, the direct object pronoun comes first. (When *en* and an indirect object pronoun are together, *en* comes last.) In compound tenses, object pronouns are placed before the auxiliary verb. The past participle agrees in number and gender when the direct object pronoun precedes the verb. Here, *la partition de Mozart* is the direct object and is replaced by *la*, while *au jeune pianiste* is the indirect object and is replaced by *lui*.

318. (B) As in the item above, a strict order must be followed when a sentence has two objects. Since the direct object precedes the indirect object, object pronouns do the same. LVMH Moët Hennessy-Louis Vuitton S.A. (LVMH) is a French multinational apparel and accessories company based in Paris.

319. (C) The rule explained in the previous item applies here as well. In this instance, English is more flexible: in addition to saying "I sent him the document," one can also say "I sent the document to him."

320. (A) While you are learning the "direct object comes first" rule, which also applies here, remember that the indirect object noun is preceded by a preposition (usually *à* or *pour*).

321. (C) The indefinite pronoun *y* cannot replace the name of an animate object (a person or an animal). When a reflexive (pronominal) verb is followed by an animate indirect object, the disjunctive or tonic pronoun follows the preposition (*je me suis souvenu de lui* [*d'elle*, *d'eux*, *d'elles*]).

322. (B) *En* replaces a direct object noun preceded by an indefinite adjective (*plusieurs*). *En* immediately precedes the verb. The past participle never agrees with a direct object replaced by *en*.

323. (E) *En* replaces an inanimate object (a thing) when the verb is followed by the preposition *de*.

324. (D) *En* replaces a direct object preceded by an indefinite article (*des*).

325. (B) *Y* replaces an inanimate object when the verb is followed by the preposition *à*. In the *passé composé* the indefinite pronoun *y* is placed before the verb (and the auxiliary verb). The past participle never agrees in gender or number with the object that *y* represents.

326. (A) *Y* replaces an adverbial adjunct of place (*dans leurs économies*).

327. (D) *Y* replaces an inanimate object when the verb is followed by the preposition *à*.

328. (C) *En* replaces an inanimate object when the verb is followed by the preposition *de*.

329. (A) *Y* replaces the name of a place when the verb is followed by the preposition *à* (or *sur*, *dans*, *en*, *sous*, *devant*, *derrière*, *à côté de*, etc.). In the *passé composé*, the indefinite pronoun *y* is placed before the auxiliary verb and after the direct object pronoun.

330. (B) Possessive pronouns replace nouns preceded by a possessive adjective. They agree in gender and number with the noun they replace. *Déguisements* is masculine plural.

331. (E) As in the item above, a possessive pronoun replaces a noun preceded by a possessive adjective. *Voiture* is a feminine singular noun, thus the possessive pronoun is *la vôtre*; it must be singular (*où est*) and agree with the noun it replaces.

332. (B) Here, we have a singular subject (*moi*) and a feminine singular indirect object (*à ma mère*), this time denoting a person.

333. (D) Here, the possessive pronoun replaces a masculine plural noun (*leurs problèmes*).

334. (B) A demonstrative pronoun replaces a demonstrative adjective plus a noun. It agrees in gender and number with the noun that is being replaced (*cette femme*). Possible answers are: *celui* (masculine singular), *celle* (feminine singular), *ceux* (masculine plural), or *celles* (feminine plural). Demonstrative pronouns can be translated as *the one* or *the ones*.

335. (A) Here, the demonstrative pronoun replaces a singular masculine noun.

336. (E) Here, the demonstrative pronoun replaces a singular feminine noun.

337. (D) Here, you need to select the demonstrative pronoun that replaces a masculine plural noun.

338. (C) Here, we replace a plural feminine noun with the demonstrative pronoun.

339. (A) Compound demonstrative pronouns are used to compare similar entities or to propose a choice between two alternatives. The particles -*ci* and -*là* are attached to the demonstrative pronouns. Imagine that *ce candidat-ci* is (physically) closer to you or has been pointed out first; then the second individual becomes *ce candidat-là* or *celui-là* (that one). It follows that *celui-ci* means "this one." The four possible answers are: *celui-là, celle-là, ceux-là,* or *celles-là,* depending on the gender and number of the noun.

340. (D) Here, a feminine singular noun is pointed out first, so the correct answer is *celle-là*.

341. (A) Here, the compound demonstrative pronoun replaces a masculine singular noun.

342. (B) Do you think you know the rule now? If you do, you chose (B), *celles-là* replacing a feminine plural noun.

343. (E) Last call, did you choose *ceux-là*?

344. (C) Disjunctive or tonic pronouns are used for emphasis. Here, the pronoun reinforces a declarative statement. Since the verb following the pronoun is the *je* form of the present indicative of *avoir* (*ai*), we'll insert the first-person singular tonic pronoun *moi*.

345. (C) Since *devrez* is the second-person plural (polite) form of the verb *devoir*, the correct tonic pronoun here can only be *vous*.

346. (A) A pronoun following a preposition must be tonic/disjunctive. You would never say "*Viens avec je.*"

347. (E) In this instance, English and French are not much different. You would never say: "He's always complaining about he." To "talk about" (*parler de*) or "think about" (*penser à*) a person, use the tonic pronoun: *Je pense à toi.*

348. (D) Note that the third-person feminine pronoun, singular or plural, does not have a distinct tonic form: *Je m'oppose à lui/eux,* but *je m'oppose à elle/elles.*

349. (E) Remember the rule explained in the item above: *Je me souviens de toi,* but *je me souviens d'elle.*

350. (B) Tonic pronouns are easy to use in the first-person singular. Notice the preposition in these examples: *Tu penses à moi*; *Tu ne pourras jamais te passer de moi,* etc.

Chapter 7: Where Are You Now?

351. (E) When a person or thing is in front of someone or something else, the correct preposition is *devant*.

352. (B) When the masculine article follows the preposition *à*, the two particles become the contraction: *à + le = au*. It precedes a masculine singular geographical term.

353. (A) In English one may proceed without "consult*ing*" her, but in French the reckless husband must use the infinitive, *consulter*.

354. (B) It may seem that French verbs and prepositions often conspire to confuse the student: *Je réussis à..., Je cesse de...* Here, the correct French preposition is *de*. Note that the negation of *cesser de* often omits the second negative particle *pas*. (*Pouvoir, savoir, oser,* and *vouloir* are other verbs that can be expressed in the negative with just *ne*.)

355. (B) A direct object, *la radio* is not preceded by a preposition.

356. (E) In English we complain "about" something, while the French preposition used by complainers is *de*.

357. (A) Names of countries, states, and provinces are preceded by prepositions determined by the gender, number, and initial sound of the noun. The contraction *au* precedes singular masculine nouns beginning with a consonant (*au Mexique, au Japon*).

358. (D) An English speaker moves "toward" an object; a French person uses the preposition *vers*.

359. (E) According to one French dichotomy (there are several), the universe consists of *de* verbs and *à* verbs. *Réussir* is an *à* verb.

360. (B) In English we just need an infinitive (the "to" form) to make a promise: *I promise to tell the truth*. In French, however, we cannot promise anything without using the preposition *de*.

361. (D) In both English and French, one leans "against" (*contre*) a wall.

362. (A) But learning is not like promising; in French the verb *apprendre* is followed by the preposition *à*.

363. (C) A French person giving advice uses the preposition *de*.

364. (A) Names of countries, states, and provinces are preceded by prepositions determined by the gender, number, and initial sound of the noun. The preposition *en* precedes names of feminine singular countries, states, and provinces and also masculine singular nouns that begin with a vowel sound (*en Irak, en France*).

365. (B) When it comes to the verb *préférer*, the French "prefer" not to use a preposition.

366. (E) Only the French can say "I'm staying home" (*je reste chez moi*) without mentioning the word "home." Or is that true? Well, the preposition *chez* comes from the Latin *casa*, meaning "house." This is probably why in French one goes *chez le médecin*: in the olden days physicians worked at home.

367. (D) In French, when we talk about paying attention (*faire attention*) to something, we must use the preposition *à*.

368. (B) An English speaker is interested "in" a subject; the French use the preposition *à*. Here, the correct answer (*aux*) is the contraction of *à* and *les*.

369. (C) Prepositions used for locations are usually quite straightforward, as we see in this example, where *sous* corresponds to "under."

370. (E) Here, the preposition *de* drops its vowel (*d'*) because the word that follows begins with a vowel sound.

371. (A) Names of cities usually do not have an article, but there are exceptions. They include: *Le Caire* (Cairo), *La Havane* (Havana), *La Nouvelle-Orléans* (New Orleans), *Le Havre, La Rochelle,* and *Le Mans*. When the article is masculine singular, and you need the preposition *à, à + le* becomes *au*.

372. (B) In French as in English, we don't need a preposition to say "many times."

373. (D) There's no need for a preposition; *savoir* (to know how) is immediately followed by the infinitive.

374. (E) In this context the verb *remercier* is followed by the preposition *de*. This example also shows that *remercier* (unlike *parler à* or *répondre à*) takes a direct object.

375. (C) Preposition trap! In English we tend be satisfied "with" the way things are going, whereas a satisfied French person will use the preposition *de*.

376. (E) A French speaker doesn't forget to include the preposition *à* when he/she's getting accustomed to something.

377. (A) In French one needs the preposition *de* before the infinitive in order to "deserve" something.

378. (D) The preposition *sur* used here is a simple translation of "on."

379. (B) Translated by "dreaming of," or, more prosaically, "thinking of" something, the verb *songer* requires the preposition *à* before an infinitive.

380. (A) In French, when a person wants to do something, there is no need for a preposition between the verb *vouloir* and the main verb.

381. (E) In English a king can renounce his throne without using a preposition. For the French, however, renunciation is impossible without the preposition *à* following *renoncer*.

382. (C) Here, the preposition *de* drops its vowel (*d'*) because the word that follows begins with a vowel sound.

383. (B) In English we accuse a person "of" something; a French speaker will add the preposition *de* to the verb *accuser*.

384. (B) In French there is no preposition before the infinitive when you say you "wish" or "want to do" something.

385. (E) *Accepter* is followed by the preposition *de* when it precedes an infinitive. In addition, the verb *participer* is followed by the preposition *à*.

386. (D) Like *vouloir* and *souhaiter*, the verb *espérer* immediately precedes an infinitive (no intervening preposition).

387. (A) Names of countries, states, and provinces are preceded by prepositions determined by the gender, number, and initial sound of the noun. The contraction *aux* precedes plural masculine or feminine geographical nouns.

388. (B) While an English speaker can simply choose to do something, a French speaker must add the preposition *de* to the verb *choisir* before an infinitive.

389. (D) In English we "expect" something directly, without a preposition. In French the reflexive verb *s'attendre* must be followed by the preposition *à* before the object.

390. (C) Here, the cat's entrance was nonspecific. If we knew where it entered (*la chambre*, *la boutique*), we'd need to add the preposition *dans*: *Le chat est entré dans la boutique en courant*.

391. (C) The correct answer is *au* (*au violoncelle*), the contraction of *à* and *le*.

392. (B) Here, with the "recent past" construction *venir de*, the preposition *de* drops its vowel (*d'*) since the word that follows begins with a vowel sound.

393. (E) In French one "waits for" someone with a direct object and no preposition (*attendre*).

394. (C) When the preposition *de* precedes the definite article, the resulting contraction is *du*: *de* + *le* = *du*.

395. (A) When we're inside a closed space, the correct French preposition is *dans* (in).

396. (B) *Regretter* requires the preposition *de* when followed by a present or past infinitive.

397. (D) Remember that Norway's French name is feminine, like *la France*. Thus it's *en Norvège* (say, if someone asks where the most majestic fjords can be found).

398. (E) A French person always expects to hear the preposition *à* after the polite verb *inviter*.

399. (B) The preposition *après* (after) naturally precedes expressions of time such as *plusieurs mois*, *une heure*, etc.

400. (E) How can I stop myself? As long as Mathéo can't kick his bad habit, he will keep trying with the expression *s'empêcher de* (to keep oneself from).

Chapter 8: He Told Me She Said . . .

401. (C) The facts are in the present (the assistant speaks Norwegian fluently), but the *imparfait* must be used in indirect speech, because the reporting clause (verb of communication) is in the *passé composé*. (In the construction *entendre dire*, the second verb always remains in the infinitive.)

402. (B) This sentence reports a past event. The tense of the reporting clause (verb of communication) affects the tense of the reported clause (after *que*). Thus, a past tense in the reporting clause moves the tense of the reported clause one more step toward the past. If the reporting clause is in the *passé composé*, a present action is described by the *imparfait*; and a past action is described by the *plus-que-parfait*, as it is in this sentence. This sequence should be nearly intuitive for English speakers.

403. (B) As in the previous item this reported clause is in the *plus-que-parfait*.

404. (D) If the verb in the main (reporting) clause is in the past (here, the *passé composé*) and the situation is in the present (Karine is currently in Cairo), the verb in indirect speech is changed to the *imparfait*.

405. (A) Since the event reported on is in the past, the reported clause (after *que*) is in the *plus-que-parfait*.

406. (B) If the verb in the main (reporting) clause is in the past (*passé composé*) and the action will be in the future, the verb in indirect speech is changed to the *conditionnel présent*.

407. (E) In this sentence the right answer is the *imparfait*. It is a present situation reported in a past tense sentence.

408. (C) Here, we need the *plus-que-parfait*, assuming the demonstration had been a one-time event.

409. (B) The *plus-que-parfait* is needed here; a past event is reported in a past tense sentence.

410. (D) In this sentence we use the *conditionnel présent* to express a future action in the reported clause.

411. (C) The right answer is *plus-que-parfait*; a past event is reported in a past tense sentence.

412. (D) The *imparfait* in the main (reporting) clause might make us think that the subordinate (reported) clause requires a past tense. But the correct tense here is the present, since the statement is a universal, unavoidable truth. In French the present is often associated with generally accepted facts.

413. (B) Here, we need the present conditional to express this person's assessment of his future accomplishment.

414. (C) The right answer is the *imparfait*, to convey in a past tense sentence that Frédéric loves Juliette in spite of her current political views. (The *Union pour un Mouvement Populaire* was formed in 2002 as a merger of several center-right parties under French president Jacques Chirac.)

415. (B) Here, the *imparfait* is used by a person who asked about the recent whereabouts of another person.

416. (C) English uses the present perfect [I haven't gone] in this type of sentence. French sentences with *depuis*, describing a state of affairs continuing up to the present, normally use the present tense. However, in negative sentences the *passé composé* is used instead of the French present. This is an exception to the rule!

417. (B) Since the center's mission is a current, well-established fact, use the present tense.

418. (C) This is a negative statement, so the *passé composé* is the correct answer.

419. (D) Here, we need the present tense. The situation started at a given moment in the past and continues up to the present day.

420. (A) In this sentence as well, the French present tense refers to a state of affairs continuing up to the present.

421. (A) Here too, the French present tense describes an ongoing activity that began at a particular moment in the past.

422. (B) In this construction with *depuis*, the *passé composé* indicates an event that took place at some point in the past. The law was passed and the conditions have improved.

423. (D) The correct tense here is the *imparfait*, denoting a state of affairs that lasted until a particular event, expressed by the *passé composé*, interrupted it.

424. (C) Here too, a particular event, expressed in the *passé composé*, interrupted a continuous state of affairs in the past.

425. (A) Here, the *passé composé* (*a été mutée*) describes a specific point in the past after which time Inès never did something (*passé composé* in the negative).

426. (C) Here, the present tense indicates a continuous, ongoing state of affairs continuing up to the present.

427. (B) The expression *il y a... que* (meaning "for," "since") in a negative sentence requires the present tense in French.

428. (D) Once again, the present tense identifies an activity or state of affairs as continuous and ongoing up to the present time of reporting.

429. (A) In this sentence, the expression *il y a... que* means "ago." It indicates at what point in time (in the past) an event took place. Use the *passé composé*. The reform was approved three years ago.

430. (C) Here, the *passé composé* performs the same function as in the item above: it pinpoints the moment when something occurred ("less than six weeks ago").

431. (B) Here is yet another ongoing state of affairs continuing up to today. Thus, the verb *être* in the passive voice construction (*est apprécié*) is in the present tense.

432. (A) In this sentence, the *passé composé* in the passive voice describes an action completed at the time of reporting. *Pendant* indicates that the activity started, then finished, in the past. It took three years.

433. (B) Here, the right answer is the future in the passive voice. It parallels the use of the future in the dependent clause.

434. (D) Since this verb in the passive voice describes a single event in the past, use the *passé composé*.

435. (B) In this sentence the passive voice describes a personal trait. It is a general description of this person. Use the present tense.

436. (C) Statements of historical fact are usually expressed in the *passé simple* or the *passé composé*. This statement uses the passive voice in the *passé composé* to describe a past event.

437. (B) This is an impersonal pronominal construction (with *se*); it is often used to make judgments or impose rules of conduct. The notion of general instruction or prohibition suggests using the present tense. Compare it to English expressions such as "One does not. . . ."

438. (B) This sentence is in the passive voice (*a été mis*); we cannot pinpoint the subject. The *passé composé* indicates a specific action in the past.

439. (D) This is an impersonal pronominal construction (with *se*), and the present tense indicates a general rule of conduct.

440. (B) Use the *passé composé* of *être* + the past participle (*écrits*, agreeing in gender and number with *articles*) to construct the passive voice.

441. (C) This sentence includes the idiom *avoir beau* + *infinitif*, in which only the verb *avoir* is conjugated. Often used in the present tense, *avoir beau* conveys the idea of futility or doing something in vain. In this sentence, the present tense corresponds to the sequence of tenses.

442. (B) Here, the use of *avoir beau* in the present, described in the item above, again suggests the idea of hopelessness and futility.

443. (D) In the past tense, the verb *avoir* in *avoir beau* often corresponds to the tense of the clause that follows. Here, they are both in the *passé composé*.

444. (E) In this sentence the *imparfait* is used in both clauses; it describes a repeating action in the past.

445. (C) Here, the correct answer is the present.

446. (B) Here, the present tense with *avoir beau* underscores the transparency of a behavior that is viewed as hypocritical (by the employee speaking).

447. (A) In this sentence note that the *passé composé* appears in both clauses.

448. (D) In this sentence the present tense emphasizes a fact.

449. (C) In this construction, the verb *avoir* in the future conveys the likely futility of future efforts.

450. (C) In this sentence, the present conditional suggests a sense of resignation that extends into a hypothetical future (would not be).

Chapter 9: Words Will Take You for a Ride

451. (C) Always use *assister à* to talk about "attending" a performance.

452. (A) This sentence combines *finir par* in the *passé composé* with an infinitive (*accepter* or *admettre*) to express the idea that a person has changed his/her mind.

453. (D) Option (B) is a *faux-ami*, since *le hasard* (chance) and "hazard" have different meanings. *Un risque* is the right choice.

454. (E) It is nearly impossible to translate the word "mind" into French. To a French person the idea of "improving one's mind" sounds a lot like finding better software. Option (E) is correct, because in France, one cultivates oneself.

455. (C) Do not translate "injury" as *injure*, another *faux-ami*. In French *une injure* means "an insult."

456. (B) *Rester* means "to stay," not "to rest." When I'm resting, *je me repose*.

457. (A) In French as in English, "he/she believes in God," *il/elle croit en Dieu*. The word *foi*, as you see, is tricky in French; it is one of several homophones.

458. (A) Speaking of homophones, the challenge here is to select the correct spelling of the French word for "flesh."

459. (E) As in the item above, we need to choose the correct spelling of the word that means "a fine," "a penalty."

460. (B) Here, we need to distinguish among five homophones; in particular, did you know the difference between *la Cour* (the Court) and *la cour* (courtyard, yard)?

461. (D) Only correct spelling can resolve the homophone problem here. Is the worm green?

462. (C) Depending on its gender, *poêle* can mean either "furnace" or "frying pan." The right answer also shows the correct gender of the word.

463. (B) The correct sentence contains one of the French equivalents of the verb meaning "to finish."

464. (E) *Déçu* may sound like "deceived," but it means "disappointed"; whereas *trahir* means "to betray."

465. (A) Never use the verb *ordonner* in a restaurant. Your chocolate mousse will never arrive. When you order some food, say: *je voudrais le couscous royal.*

466. (C) This eccentric person probably finds the standard French word for "clothes," *vêtements*, too conventional.

467. (D) The event described in this sentence has nothing to do with tobacco; *faire un tabac* appears in a familiar idiom that describes the dream of success of every performer.

468. (D) In French the successful applicant "unhooks" a job.

469. (B) A French person with absolutely no financial worries is literally "stuffed" (*bourré*) with money (*fric* = "dough").

470. (A) As a reflexive, the versatile verb *se ficher* conveys, in a mildly aggressive manner, the speaker's total indifference to someone or something.

471. (E) In France, "trendy" is expressed as "connected" (*branché*).

472. (C) Indeed, the adjective *marrant* means "funny" in French.

473. (A) In French one can say that an addict is "hooked onto" something (*accroché à*). In a context like this, the familiar abbreviation (*accro*) is generally used.

474. (D) No, you probably wouldn't want to take five "book shoppers," "billy goats," "booksellers," or "ibexes" to your country house. Remember, you can use *bouquin* if you don't want to say *livre*.

475. (B) *J'en ai marre* may sound like *marrant*, but it does not mean the same thing.

Chapter 10: My World Is a Book

476. (D) Indeed, ostensibly she does. The narrator's husband travels to Marseille to buy her the most beautiful oranges in the world.

477. (C) The narrator is fascinated by New York's tall buildings.

478. (A) Such an emotional scene, but the principal "character" is a statue.

479. (E) There is mention of love, but the poet's dominant emotion is sadness.

480. (B) Zola's visitors to the Louvre are not the most refined bunch.

481. (A) In this excerpt from Flaubert's great novel, Emma asks Léon to meet her at eleven o'clock, inside the cathedral.

482. (E) In his travels around his room, the narrator is always glad to find his armchair.

483. (C) Gide's fragment conjures up the tense atmosphere caused by unstable prices and economic insecurity.

484. (A) Indeed, the narrator has observed that Chrysanthème is ready to pay her mother a visit.

485. (D) In this charming excerpt, Maupassant describes a microcosm where cats rule.

486. (B) As the professor of literature notes, the Internet makes plagiarism easy and provides the students with raw information without contributing to their education, which should include independent and critical thinking.

487. (A) Among other things, this excerpt discusses the benefits of digital archives.

488. (C) As mentioned in the text, the promenade runs above avenue Daumesnil, which means that it is above street level.

489. (E) The text explicitly states that the basilica consists of two quite distinct churches.

490. (B) As explained in the excerpt, in Paris the legendary *bouquinistes* can be found on both banks of the Seine.

491. (D) Indeed, among this ancient forest's claims to fame are the oak trees used to make barrels for the finest Bordeaux wines.

492. (B) According to this report, open markets in Paris, once on the wane, are making a comeback.

493. (A) As the text points out, French law, which does not impose too many rules on people who want to form an association, does say that every association must have a president.

494. (E) In the second paragraph, the reader learns that the château of Chenonceau was built in 1513.

495. (C) Explaining why the Lascaux caves were closed to the public in 1963, the writer mentions that the paintings had been seriously damaged by carbon dioxide.

496. (A) This witty excerpt is a veritable ode to the bathtub, where the writer likes to relax and read.

497. (C) In this letter from the front during World War I, the writer laments the tragic shortage of physicians and other medical personnel.

498. (E) This excerpt is nothing less than an ode to reading, the narrator's greatest passion.

499. (B) Treated with benign condescension by his interlocutor, Stanley Péan's colorful father has just been hired as a French teacher.

500. (D) The Villa Marguerite Yourcenar is a place where writers can find the peace and quiet needed for the completion of a literary manuscript. In return, every resident writer promises to mention the Villa in his/her completed work.